Facebook, Twitter und Co. in Hotellerie und Gastronomie

Thomas Hinterholzer

Facebook, Twitter und Co. in Hotellerie und Gastronomie

Ein Handbuch für Praktiker

Springer Gabler

Thomas Hinterholzer
Science Center for Research in Tourism
Puch, Österreich

ISBN 978-3-642-37953-6 ISBN 978-3-642-37954-3 (eBook)
DOI 10.1007/978-3-642-37954-3

Die Deutsche Nationalbibliothek verzeichnet diese Publikation in der Deutschen Nationalbibliografie; detaillierte bibliografische Daten sind im Internet über http://dnb.d-nb.de abrufbar.

Springer Gabler

Gedruckt auf säurefreiem und chlorfrei gebleichtem Papier

Springer Gabler ist eine Marke von Springer DE. Springer DE ist Teil der Fachverlagsgruppe Springer Science+Business Media
www.springer-gabler.de

Vorwort und Dank des Autors

Praktiker, politische Einrichtungen und Interessenvertreter äußerten uns gegenüber den Wunsch, Handlungsempfehlungen zum Umgang mit Facebook und Twitter, Google+ war dazumals noch nicht am Markt, für die Hospitality-Wirtschaft, also die Gastronomie und Hotellerie, zu geben. Nach meinem Kollegen Roman Egger, der vor Jahren das Feuer für den Themenbereich eTourismus in mir entfacht hat, bedarf es hierfür einiger Vorarbeit. Denn für die

> *„[…] von der Tourismuswirtschaft geforderten Empfehlungen und Handlungsanweisungen [bedarf es; Anm. d. Autors] jedoch empirisch gesicherter Erkenntnisse. Doch wie sollten valide Daten gewonnen und ernst zu nehmende Aussagen über ein Phänomen getroffen werden, wenn selbst dessen Fundament bislang unzulänglich betrachtet wurde?"*

Gesagt, Getan. Denn bevor die hier vorliegenden Leitfäden geschrieben wurden, analysierten wir bereits existierende Leitfäden, wir recherchierten den anbieter- und nachfragerseitigen Status Quo der Social-Media-Nutzung und wir analysierten existierende wissenschaftliche Arbeiten zum Themenbereich. Vor allem aber dienten uns persönliche Interviews mit Gastronomen und Hoteliers, die zu den werbeagenturunbeeinflußten Pionieren unter den Anwendern von Social Media gehörten, als Grundlage dafür, dem Leser die hier vorliegenden Handlungsempfehlungen bei seinem betrieblichen Umgang mit und in sozialen Netzwerken zu geben.

Mein Dank gilt allen, die zur Entstehung beigetragen haben. Allen voran meinem Tennispartner und dem Leiter der Abteilung für Tourismusforschung an der Fachhochschule Salzburg, Dr. Mario Jooss. Ebenso hat Barbara Neuhofer, MA, wesentlich zum Gelingen beigetragen. Sie, die mich einerseits durch das fortwährende Weiterleiten von Internetressourcen zum Themenbereich in der Recherchearbeit unterstützte und andererseits inhaltlich eine herausfordernde Gesprächspartnerin war. Danke an meine ehemaligen (im drittmittelfinanzierten Forschungsbetrieb leider ein zu oft verwendetes Adjektiv!) Kolleginnen Mag. Maria Pinwinkler und Anja Simms, MA, die mich bei der

Feldarbeit unterstützten. Danke auch an Sonja Püreschitz, MA für die Transkriptionen der geführten Interviews.

Salzburg, November 2012

Thomas Hinterholzer
thomas.hinterholzer@fh-salzburg.ac.at

Inhaltsverzeichnis

Abkürzungen

ABWL	Allgemeine Betriebswirtschaftslehre
AKW	Atomkraftwerk
AUT	Österreich
BWL	Betriebswirtschaftslehre
CBC	Customer Buying Cycle
CRM	Customer Relationship Management
CZE	Tschechien
DM	Direct Message
DMO	Destionation Management Organisation
FAQ	Frequently Asked Questions
FH	Fachhochschule
FHS	Fachhochschule Salzburg
GDS	Globale Distributionssysteme
HRV	Kroatien
IKT	Informations- und Kommunikationstechnologien
ITA	Italien
KMU	Klein- und Mittelunternehmung
LBS	Location Based Service
MA	Mitarbeiter
MAFO	Marktforschung
MW	Mittelwert
NTO	Nationale Tourismus Organisation
ÖHT	Österreichische Hotel und Tourismusbank
ÖHV	Österreichische Hoteliervereinigung
OÖ	Oberösterreich
OSN	Online Social Network
OTA	Online Travel Agency
ÖW	Österreich Werbung

P&L	Profit&Loss-(Statement)
PMS	Property Management System
Rg.	Rang
Sbg.	Salzburg

1 Einleitung

Der Anfang ist die Hälfte des Ganzen.
(Aristoteles, griechischer Philosoph)

Die Relevanz der vorliegenden Leitfäden liegt darin begründet, dass der Themenkreis „Social Media" im Unternehmensalltag der KMU-Betriebe aus Hotellerie und Gastronomie dzt. eher undifferenziert diskutiert und wahrgenommen wird. Sowohl hinsichtlich des „how to", aber auch hinsichtlich des „what for" und des „if yes, to what extent" scheinen viele Fragen im Umgang der Social-Software offen zu sein. Die zahlreich am Markt vorhandenen existierenden Leitfäden und Ratgeber für die Unternehmer der österreichischen Hotellerie und Gastronomie beantworten meist die Frage des „how to". Sie sind für die Unternehmer aber schwer hinsichtlich deren Qualität in Bezug auf die theoretische und empirische Fundierung, die Plausibilität der getroffenen Aussagen, die Bewertung und Einordnung der getroffenen Aussagen vor dem gesamtunternehmerischen Kontext etc. einzuschätzen. Des Weiteren sind viele dieser Leitfäden von Online-Marketing-Agenturen und Beratern erstellt. Und da diese die Relevanz von Social-Software aus verkaufstaktischen Gründen naturgemäß tendenziell überbewerten,[1] werden die Fragen des „what for" und des „to what extent" nicht oder meist eher unreflektiert euphorisch beantwortet. Das Hauptargument für die getroffenen Ratschläge (bspw. „Facebook-Fan-Seiten werden traditionelle Websites ablösen – investieren Sie daher in Ihre Facebook-Fan-Seite", „Gäste informieren sich via Facebook über ihre

[1] Nach der Welle der Websiteerstellungen, der darauf folgenden Welle der Suchmaschinenoptimierung und Conversion-Rate-Verbesserung sehen die Web-Agenturen naturgemäß in der (angeblichen) Evolution des Internets vom Web 1.0 zum Web 2.0 auch eine Evolutionsmöglichkeit in deren Produktportfolio.

T. Hinterholzer, *Facebook, Twitter und Co. in Hotellerie und Gastronomie*,
DOI: 10.1007/978-3-642-37954-3_1, © Springer-Verlag Berlin Heidelberg 2013

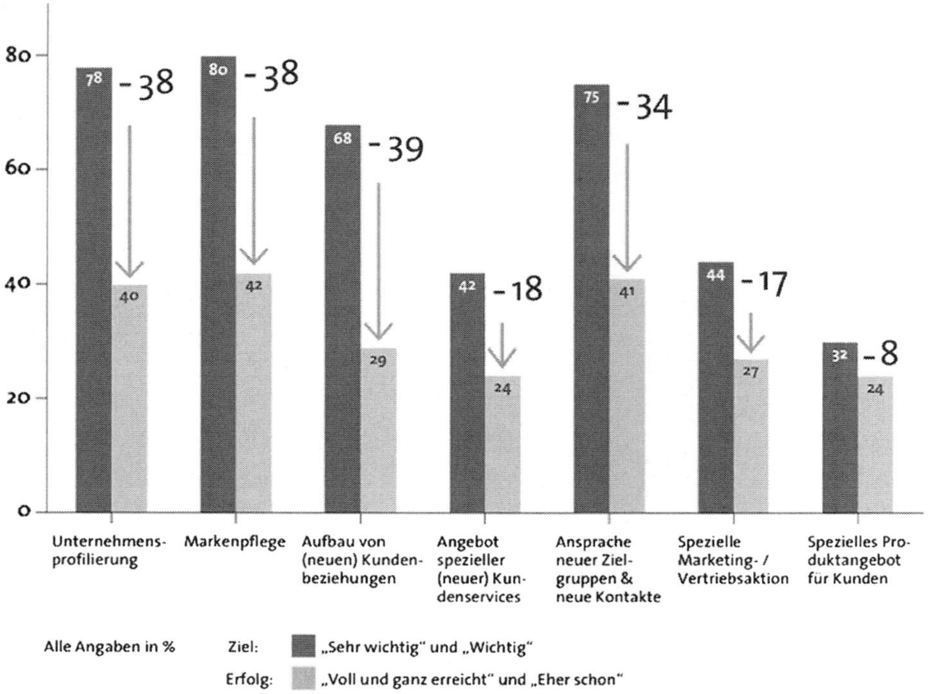

Abb. 1.1 Diskrepanz der Bewertung von Zielen und Erfolgen von Aktivitäten der Unternehmen bei Facebook. *Quelle* Peakom GmbH (2011: onl.)

Reise") wird meist direkt mit den steigenden Nutzerzahlen bei Facebook und Twitter argumentiert. Der Zwischenschritt einer eingehenden Analyse, um diese Fragen beantworten zu können, nämlich WOFÜR die besagten Social-Software-Anwendungen im Reisekontext konkret (nicht) verwendet werden, und daraus abgeleitet die Einschätzung der (Nicht-)Relevanz im betrieblichen Kontext und eine Einordnung in den Gesamtkontext der betrieblichen Aufgaben, erfolgt in diesen in der Regel Leitfäden nicht (Abb. 1.1).

Auf Unternehmensseite kann daher derzeit ein gewisses Maß an Ernüchterung konstatiert werden, da sich die vielfach versprochenen positiven Effekte des Social-Media-Engagements nicht oder nicht nachweisbar zeigen. Diese Ernüchterung zeigt sich bereits in ersten aktuellen MAFO-Untersuchungen:

Der Autor wollte durch die im Vorfeld von der FH Salzburg, Tourismusforschung am Studiengang „Innovation and Management", durchgeführten empirischen Forschungen und durch die Analysen der Sekundärliteratur zu einer objektivierten Einschätzung der Relevanz für den Unternehmensalltag der Hoteliers und Gastronomen gelangen und den Unternehmern schlussendlich direkt Hilfestellungen in Form eines wissenschaftlich fundierten Leitfadens geben, welche der sich abzeichnenden Verunsicherung im Umgang mit dem Thema „Social Media im Unternehmensalltag“ entgegenwirken sollen.

Dieser Leitfaden, zweigeteilt aufgrund unterschiedlicher Anforderungen für Gastronomie und Hotellerie, liegt nun vor und wird dem Leser auf den nächsten Seiten präsentiert.

Social-Media-Marketing-Leitfaden für die Gastronomie

2

Mir imponieren nur die Ratschläge und Grundsätze, die der Ratgebende selbst beherzigt.
(Rosa Luxemburg, Marxistische Theoretikerin)

Auf den nächsten Seiten wird der entwickelte Leitfaden für die Gastronomie dargestellt. Dieser wurde auch als Hochglanzbroschüre im DIN A4-Format gesondert vom Bundesministerium publiziert. Gerne kann der Leitfaden vom Leser jederzeit via E-Mail unter: tourismus@fh-salzburg.ac.at als pdf-file angefordert werden.

Der Leitfaden ist an den Praktiker adressiert. Es erfolgt also eine entsprechende zielgruppenspezifische Adaption der Ansprache, des Sprachstils, des Layouts sowie der wiss. Referenzierungen. Dies bedingt für den Leser der vorliegenden Arbeit die Notwendigkeit der Umstellung – im Vergleich zu den vorhergehenden Textteilen.

2.1 Einleitung

Der Zweck und das Ziel eines Unternehmens ist es, einen Kunden zu erschaffen.
(Peter Drucker, österreichisch-amerikanischer Philosoph und Ökonom)

Wie können Sie Ihr Restaurant zu einem erfolgreichen Unternehmen machen?

Wie Sie als Gastronomin/Gastronom bestimmt aus Ihrer eigenen Erfahrung wissen, ist jedes moderne Gastronomie-Unternehmen so geleitet, dass sich die Unternehmensziele letzten Endes quasi wie von Geisterhand erfüllen, indem die Wünsche der Gäste möglichst optimal befriedigt werden. Unternehmenserfolg ist in diesem Sinne eine Folgeerscheinung der bestmöglichen Bedürfnisbefriedigung bei Ihren Gästen! Um dies zu erreichen, hat sich das Marketing als DAS wirkungsvollste Instrument im Unternehmensalltag herausgestellt!

T. Hinterholzer, *Facebook, Twitter und Co. in Hotellerie und Gastronomie*,
DOI: 10.1007/978-3-642-37954-3_2, © Springer-Verlag Berlin Heidelberg 2013

2.1.1 Ihr Gastronomie-Online-Marketing-Werkzeugkasten

Im folgenden Abschnitt erfahren Sie, welche Werkzeuge Sie für ein erfolgreiches Marketing benötigen. Das operative Marketing kennt viele Werkzeuge: z. B. die Beziehung und Verständigung mit den Gästen, den Mitarbeiterinnen/Mitarbeitern oder den Lieferantinnen/Lieferanten oder den für Ihre Produkte verlangten Preise. Die Auswahl der Vertriebswege, die Ausgestaltung des Restaurants und die Qualität der angebotenen Leistungen bzw. das Auftreten der Mitarbeiterinnen/Mitarbeiter gegenüber den Gästen.

Bevor jedoch die operativen Werkzeuge eingesetzt werden, wird in der Regel am grünen Tisch und in Gesprächen geklärt, wie die Wünsche der Gäste aussehen und wie die grundsätzliche Ausrichtung des Restaurants sein soll – um eben den Bedürfnissen der Gäste zu entsprechen. Eine Strategie wird entwickelt. Hierbei werden zusätzlich die politischen, wirtschaftlichen, gesellschaftlichen oder ökologischen Einflüsse sowie natürlich auch die Ausrichtung der Konkurrenz oder Ihre persönlichen Stärken als Unternehmerin/Unternehmer mitberücksichtigt.

Praxisbeispiel

Die „Manolos Tequilería Bar" liefert als lateinamerikanisches Restaurant und Bar hochqualitative Themeninfos zur lateinamerikanischen Kultur auf Facebook. Denn die Gäste des Manolos sind an der lateinamerikanischen Lebensart (Musik, Essen, Trinken, Literatur,...) interessierte Menschen und diese bewegen sich auch in Facebook. Bei der Wahl der Werkzeuge und der in den Vordergrund gestellten Informationen richtet sich das Manolos also nach der strategischen Ausrichtung. Das Manolos verkauft nicht über den Preis, sondern über das Thema „Lateinamerika" und stellt daher in Facebook auch keine Preisinformationen bzw. „Angebote" dar.

Jeden Montag Salsa Tanzworkshops mit Nena Verona in Manolos
Von Manolos Tequileria Bar · Freitag, 22. Oktober 2010

Hora: 19:00 bis 22:00
Lugar: Manolos

creado por: Nena Verona www.salsa-nena.com

Informacion: In Nenas Tanzworkshops geht es um Salsa mit Gefühl;))

Dieser Leitfaden beschäftigt sich nun mit dem operativen Handeln. Er gibt Ihnen die Möglichkeit zu testen, wie professionell Sie bereits jetzt mit den Werkzeugen des Online-Marketings umgehen, also den Marketingaufgaben, die Sie im Internet erledigen können.

Hierfür haben wir für Sie, die in der Gastronomie wichtigsten Werkzeuge zusammengestellt. Und Sie lernen, wie Sie mit dem aktuellsten Werkzeug des Online-Marketings, dem sogenannten Social-Media-Marketing, wie z. B. Facebook, den Unternehmenserfolg Ihres Restaurants darüber hinaus unterstützen können!

Auf den folgenden Seiten erhalten Sie nun Antwort auf die Frage: „Wie kann mein Betrieb, ausgehend von einer profunden Online-Marketing-Basis, vom stetigen

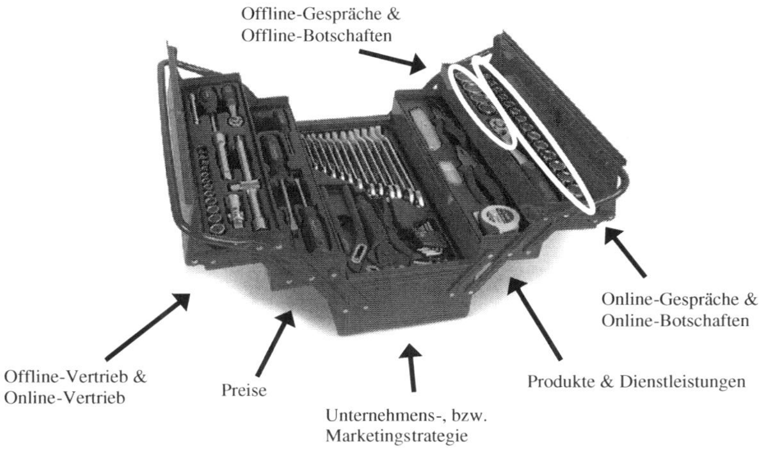

Abb. 2.1 Ihr Marketing-Werkzeugkasten

Wachstum bei den Nutzerinnen-/Nutzerzahlen im Social Web profitieren?“ Der Einsatz aller Marketing-Werkzeuge sollte dabei aber immer im Einklang mit der grundsätzlichen Ausrichtung Ihres Restaurants – der Strategie – stehen, wie das Praxisbeispiel auf der vorhergehenden Seite zeigt. Ihr Marketing-Werkzeugkasten könnte daher wie folgt aussehen (Abb. 2.1).

Betrachten wir nun Ihren Werkzeugkasten im Bereich Online-Gespräche, Online-Botschaften und Online-Vertrieb genauer, so finden sich dort die Bestandteile aus Tab. 2.1.

2.1.2 Ihre Online-Marketing-Erfolgspyramide

Es ist wichtiger, das Richtige zu tun, als etwas richtig zu tun. (Peter Drucker)

Basierend auf zahlreichen Untersuchungen, haben wir nun für Sie, die in der Gastronomie nachweislich wirkungsvollsten Bestandteile aus dem Online-Marketing-Werkzeugkasten ausgewählt. Daraus ergibt sich die Gastronomie-Online-Marketing-Pyramide (Abb. 2.2).

Die Pyramide besteht aus fünf Stufen, die Sie, aufeinander aufbauend, in fünf Schritten zum Erfolg im Online-Marketing führen. Hier sehen Sie auf einen Blick, was das richtige für Ihren Betrieb ist! Doch auch dafür, wie das Richtige nun richtig tun, haben wir etwas vorbereitet, denn der Leitfaden liefert Ihnen nun folgendes:

In den ersten vier Schritten können Sie testen, inwieweit Sie die Hausaufgaben im Online-Marketing schon professionell erledigt haben und wie das Social-Media-Marketing (SMM) mit diesen Basisschritten bereits verwoben ist.

Lernen Sie außerdem, warum das Produkt, also Ihr Lokal, Ihre Mitarbeiterinnen/Mitarbeiter, die Qualität all Ihrer angebotenen Produkte etc. die Grundvoraussetzungen dafür sind, dass im fünften Schritt das Werkzeug des Social-Media-Marketings funktioniert.

Tab. 2.1 Ausgewählte Teilbereiche des Online-Marketings

Bestandteile Online-Marketing-Werkzeugkasten:		Im Offline-Marketing vergleichbar mit…
Banner-Werbung		klassischer Plakatwerbung;
E-Mail-, auch Newsletter- bzw. Permission-Marketing		dem Direktmarketing, also bspw. Postwurfsendungen;
Co-Registrierung		einem Teilbereich des Direktmarketings, nämlich der Produktwerbung im Rahmen bereits bestehender Gästedialoge. Bspw. werben Sie für ein Spargelwochenende auf Ihren Kassenbons;
Social-Media-Marketing (SMM)		integrierter Marketingkommunikation, denn - bspw. Facebook – ermöglicht es, Bestandteile des Werkzeugkastens in einer Anwendung zu vereinen;
Online-Video-Werbung		klassischen Fernsehspots;
Suchmaschinen-Marketing (SEM) mit den beiden Teilbereichen…	Suchmaschinenoptimierung (SEO) und	dem Installieren einer Außenwerbung am Restaurant und Wegweisern zum Restaurant, um gefunden zu werden;
	Sponsorenlinks (bspw. Google AdWords)	Inseratschaltungen in Fremdenführern oder Verzeichnissen;
Affiliate-Marketing		Außendienstmitarbeiterinnen/-mitarbeitern, die gratis für Ihr Produkt werben und nur bei Vertragsabschluss Provision kassieren;
Virales Marketing		dem Empfehlungsmarketing, wobei die Verbreitung beim Empfehlungsmarketing vom Gast ausgeht, bei Viralem Marketing aber meist von der Anbieterin/dem Anbieter selbst ausgelöst und beeinflusst wird;
Konversions-Marketing, auch Post-Click-Marketing		dem Erhalt von Gästeadressen als Reaktion auf ein Preisausschreiben;
Indirekte (bspw. über ebay.de oder reserviermich.de) und direkte (bspw. über den eigenen Internetauftritt) Online-Sales		dem Verkauf über Zwischenhändlerinnen/Zwischenhändler (in der Gastronomie jedoch selten) oder an den eigenen Verkaufsstellen (am Tisch, Telefonreservierung,…);
Online-P(ublic)R(elations)		der Öffentlichkeitsarbeit;

Im fünften Schritt lernen Sie, nach und nach, das SMM von der Zielfestlegung bis zur Messung der Zielerreichung selbstständig zu planen. Lernen Sie, für welche Ziele Social-Media-Marketing besonders geeignet ist, wie Ihre Gäste Qype, Facebook, Twitter & Co. nutzen können und holen Sie sich Anregungen für das konkrete Tun durch die vorgestellten Praxisbeispiele und Verweise.

Abb. 2.2 Die Gastronomie-Online-Marketing-Erfolgspyramide = Der Aufbau des vorliegenden Leitfadens

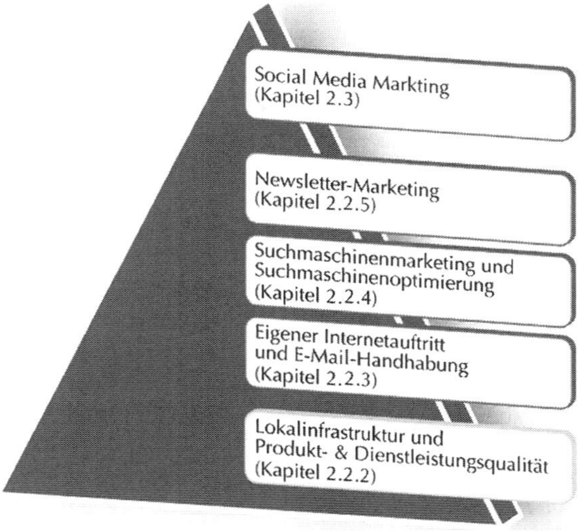

Das es bereits viele Anleitungen zu unterschiedlichen Schwerpunkten gibt, dient der Leitfaden auch als Wegweiser durch den Leitfaden-Dschungel. Wir informieren Sie darüber, welcher Leitfaden sich für welches Thema am besten eignet, damit Sie wissen, wie sie konkret vorgehen sollen und wie bereits Peter Drucker sagt „das Richtige auch richtig tun!"

2.2 Die ersten 4 Schritte zum Erfolg in Ihrer Gastronomie-Online-Marketing-Pyramide

2.2.1 Zielfestlegungen sind der Schlüssel zu Ihrem Erfolg

„Der Weg ist das Ziel" gilt vielleicht im Urlaub als Motto, nicht jedoch im Geschäftsleben! Um Ihren Erfolg messen zu können, gilt es zuallererst, messbare Ziele zu definieren. Sie

brauchen also sogenannte Erfolgskennzahlen. Erfolgskennzahlen sind der Schlüssel zu Ihrem Erfolg!

Erst danach kann die Messung der Zielerreichung stattfinden. Und schlussendlich können Sie Maßnahmen aus diesen Messungen ableiten, um die gesteckten Ziele, die nicht utopisch sein sollten, erreichen zu können.

Reden Sie auch offen mit Ihren Branchenkolleginnen/Branchenkollegen, welche Erfolgskennzahlen diese im Online-Marketing anpeilen, um selbst noch realistischere Ziele für sich formulieren zu können.

ACHTUNG: Das Zählen der reinen Klicks auf der eigenen Website, der Fans auf Facebook oder der Follower bei Twitter sagt NICHTS darüber aus, wie viele Gäste wirklich gewonnen bzw. gebunden werden! Doch gerade darum geht es schließlich bei allen Marketingbemühungen.

Die wichtigsten Erfolgskennzahlen im Gastronomie-Online-Marketing sind:

- Anzahl der kostenlosen Zugriffe von Suchmaschinen: Hier messen Sie die Wirkung der Suchmaschinenoptimierung Ihrer Website. Je mehr Gäste auf Ihre Website finden, desto mehr Umsatz wird am Ende herauskommen. Wenn denn zusätzlich noch die Umwandlungsrate stimmt... Diese misst nämlich, wie wirkungsvoll Ihre Website aus Internet-Nutzerinnen/Nutzern Gäste Ihres Restaurants macht.
- Verhältnis zwischen den erzielten Reservierungen über die Restaurantwebsite und der Website-Besucher: Dies ist die Umwandlungsrate, die im Englischen als „Conversion Rate" bezeichnet wird. Je mehr Buchungen oder Anfragen Sie im Verhältnis zu den Website-Besucherinnen/Besuchern erzielen, desto besser funktioniert Ihre Website. Messen Sie die Umwandlungsrate auch getrennt für jede auf Ihre Website verweisende Website (also pro sogenanntem „Referrer". Das ist der Fachbegriff für diese Webseiten, die wiederum auf Ihre Webseiten verweisen). Üblich sind hier Wirkungsgrade von 7 Buchungen pro 100 Besucherinnen/Besuchern (7 %), die direkt auf die Website gekommen sind oder 5 Buchungen pro 100 Besucherinnen/Besuchern (5 %), die über einen ausgesandten Newsletter kommen. Oder 1 Buchung pro 200 Besucherinnen/Besuchern (0,5 %), die via Facebook auf Ihre Website gelangen.
- Verkäufe in Anzahl der Gäste und EUR pro Online-Kanal: Hier ermitteln Sie den Umsatz (= Gästeanzahl × Durchschnittsumsatz), den jede einzelne Online-Marketing-Maßnahme eingebracht hat, also z. B. was trägt der eigene Internetauftritt zum Umsatzvolumen bei, was die E-Mail-Anfragen, was die Facebook-Präsenz etc.
- Kosten pro Online-Reservierung/Anfrage in EUR pro Online-Kanal: Hier ermitteln Sie die Kosten Ihrer Online-Marketing-Aktionen. Machen Sie dies am besten pro Online-Marketing-Maßnahme. Berechnen Sie neben den direkten Kosten wie etwa Kosten für ein Online-Reservierungs-Programm auf Ihrer Website auch den Zeitaufwand × Personalkosten für jeden Online-Kanal mit ein.

Wenn Sie diese Ziele formuliert haben, können diese auch dazu dienen, dass Sie die Leistung Ihrer Internet-Marketing-Agentur testen und bewerten können. Vergeben Sie keinen Agentur-Auftrag ohne messbare Ziele!

2.2.2 Schritt 1: Das gästegerechte Gastronomieprodukt an erster Stelle. Nur so funktioniert Empfehlungsmarketing!

Obwohl Ihre Speisen, Ihre Getränke, die Freundlichkeit Ihres Servicepersonals etc. an sich nicht unmittelbar etwas mit dem Online-Marketing zu tun haben, soll hier dennoch erwähnt werden, dass es das Fundament für ein funktionierendes Online-Marketing ist!

Warum? Es gibt zwei Möglichkeiten, neue Gäste für Ihren Betrieb zu gewinnen: Die von Ihnen in Auftrag gegebene Werbung und die positiven Restaurantempfehlungen Ihrer Gäste. Das sogenannte Empfehlungsmarketing ist aber im Gastgewerbe das weitaus wichtigere und kostengünstigere Werkzeug!

Untersuchungen zufolge sind Empfehlungen von Freundinnen/Freunden für 57 % der Gäste wichtig und für 29 % das Allerwichtigste, wenn es darum geht ein neues Lokal auszuprobieren.

Wie funktioniert nun Empfehlungsmarketing? Gäste empfehlen Ihr Restaurant immer dann POSITIV weiter, wenn Sie deren Wünsche befriedigt haben! Also wenn Ihr Lokal, die Mitarbeiterinnen-/Mitarbeiterfreundlichkeit, die Speisen- und Getränkequalität und die Zusatzleistungen (wie z. B. ein kostenloser Internetzugang oder eine Kinderbetreuung) vom Gast als positiv empfunden worden sind.

Social-Media-Marketing mit Facebook, Twitter & Co. funktioniert lt. Untersuchungen übrigens in denjenigen Restaurants am erfolgreichsten, in denen die Wirtinnen/Wirte mit den Gästen während des Aufenthalts eine gute persönliche Beziehung aufbauen können.

Nicht immer ist „das Beste“ im Restaurant gefragt, denn Ihre Gäste schätzen sehr wohl auch ab, wie viel sie in Ihrem Restaurant bezahlt haben und sind bei günstigen Preisen milder in der Bewertung der Leistungen, bei sehr hohen Preisen aber umso strenger. Neben Ihren Preisen sind es Ihre Werbebotschaften, die in die Bewertung mit einbezogen werden. Dabei gilt: Seien Sie ehrlich zu Ihren Gästen! Bleiben Sie authentisch!

▶ Versuchen Sie, die Erwartungen Ihrer Gäste dennoch nicht allzu oft überzuerfüllen. Ihr Gast gewöhnt sich rasch daran, erwartet es ab dann immer und Sie können ihn nur mehr schwerlich begeistern.

Praxisbeispiel

Ermuntern Sie Ihre Gäste, wie z. B. das „Teppan Wok“ in Innsbruck, Sie aktiv weiterzuempfehlen! Kleben Sie etwa an die Ausgangstür einen Aufkleber (wie diesen):

Vertrauen in den Menschen, der empfiehlt, ist - neben der Produktqualität - die zweite Grundvoraussetzung, damit Empfehlungsmarketing funktioniert! Wem schenken Ihre Gäste Vertrauen, wenn sie sich über Ihr Restaurant informieren? In erster Linie den persönlichen Kontakten, doch zunehmend auch Bewertungen, Informationen und Empfehlungen im Internet.

Was das Vertrauen betrifft, sind die Wachstumsraten der sozialen Onlinenetzwerke wie Facebook – verglichen mit anderen, nicht persönlichen Empfehlungsquellen – enorm! So wuchs das Vertrauen in Empfehlungen aus sozialen Onlinenetzwerken vom Juli 2009 bis zum September 2010 um + 47,5 %, in das von Empfehlungen aus Microblogging-Systemen wie Twitter um + 21 % und in das aus Blogs um + 16 % (Abb. 2.3).
Auf den nächsten Seiten haben wir einen Test entwickelt, der Ihnen hilft, möglichst schnell einzuschätzen, inwieweit die ersten vier Stufen der Gastronomie-Online-Marketing-Pyramide in Ihrer täglichen Arbeit bereits professionell umgesetzt werden. Bitte kreuzen Sie jeweils an, ob Sie die gestellte Frage mit „ja", „nein" oder „weiß nicht" beantworten können und zählen Sie am Ende jeden Schrittes die Kreuzchen je Spalte zusammen (Tab. 2.2):

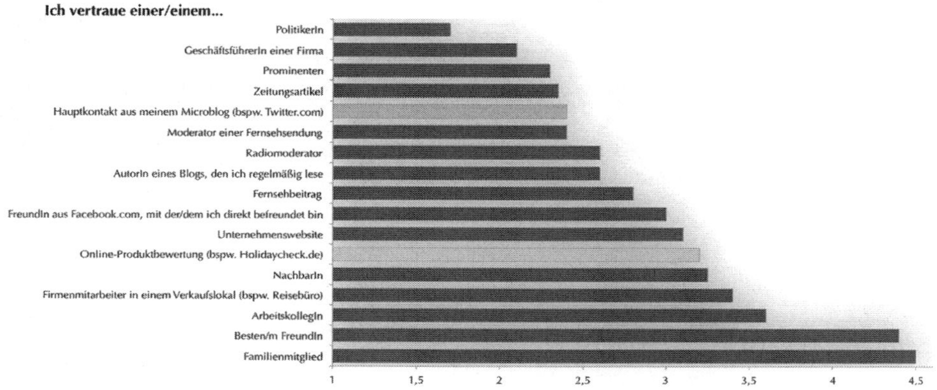

Abb. 2.3 Vertrauenswerte in On- und Offline-Informationsquellen (1 = „keinesfalls", 5 = „sehr")

Tab. 2.2 Schnelltest „Motivation Empfehlungsmarketing"

Testen Sie, ob Sie Ihre Gäste bereits zum Empfehlungsmarketing motivieren:	Ja	Nein	?
Ist Ihr Haus in Restaurantbewertungsplattformen wie z. B. www.qype.com *oder* www.google.com/hotpot/ *auffindbar, sind die Informationen vollständig (Texte/Bilder) und beobachten Sie die Einträge zumindest einmal/Woche?*			
Ist Ihr Haus auf Facebook mit einer Fanseite vertreten und ist auf Ihrer Website ein „Gefällt mir"-Button integriert?			
Nutzen Sie die Informationen aus diesen Diensten zur Verbesserung Ihrer Leistungen?			
Motivieren Sie zufriedene Gäste, ihre Erfahrungen auf Restaurantbewertungsplattformen (wie z. B. Qype, Yelp, TripAdvisor, gutekueche.at, Google Hotpot, Tupalo, Foursquare, Gowalla) zu platzieren?			
Belohnen Sie Ihre Gäste als Dankeschön für deren Empfehlungen? Bspw. mit einem kostenlosen Sekt zum Frühstück bei deren nächsten Besuch etc.			
Zählen Sie hier die Anzahl der Antworten zusammen:			

Weniger als 3 „ja"-Antworten?
„Tu Gutes und sprich darüber!" Ihr Produkt ist in Ordnung. Motivieren Sie Ihre Gäste dies auch im Internet weiterzuerzählen.

Mehr als 2 „weiß nicht"-Antworten?
Lernen Sie das Kap. 2.3 des vorliegenden Leitfadens. Danach sind Sie Spezialistin/Spezialist, wenn es darum geht, Ihre Gäste zu Ihren besten Verkäuferinnen/Verkäufern zu machen.

Mehr als 3 „ja"-Antworten?
Sie haben nicht nur ein gutes Produkt, Sie motivieren auch Ihre Gäste, darüber zu sprechen und es weiterzuempfehlen! Weiter geht es mit Schritt zwei Ihrer Gastronomie-Online-Marketing-Pyramide…

2.2.3 Schritt 2: Die eigene Restaurant-Website und die E-Mail-Dialoge mit Ihren Gästen. Altbekannt und wichtig!

Die Basis des Werkzeugkastens ist nun mit einem Restaurant, einer Bar, einem Café etc., das den Gästen die Wünsche von den Augen abliest, gelegt. Kommen wir nun zum zweiten Schritt in Ihrer Online-Marketing-Pyramide, dem eigenen Internetauftritt sowie Ihrem E-Mail-Verhalten.

Zahlreiche Untersuchungen und Marktdaten zeigen, dass die Homepage des Restaurants von 97 % aller Internet-Nutzerinnen/Nutzer als DIE Informationsquelle Nr. 1 genutzt wird und der E-Mail-Dienst DIE Kontaktquelle Nr. 1 ist.

Daher haben wir diese beiden Werkzeuge zum ersten wirklich virtuellen Schritt in Ihrer Online-Marketing-Pyramide gemacht (Tab. 2.3).

Tab. 2.3 Schnelltest „Eigener Internetauftritt"

Testen Sie die Qualität des eigenen Internetauftritts:	Ja	Nein	?
Navigation, Orientierung, Benutzerinnenfreundlichkeit			
Sind die wichtigsten Informationen auch in Englisch sowie in den weiteren Sprachen Ihrer Zielgruppen verfügbar und sind die Informationen inhaltlich und sprachlich korrekt (stichprobenartige Überprüfung)?			
Weiß die Website-Besucherin/der Website-Besucher immer, in welchem Bereich der Website sie sich gerade befindet (z. B. indem sich der aktuell ausgewählte Menüpunkt hervorhebt und/oder indem ein Navigationspfad angezeigt wird)?			
Kommt die Website-Besucherin/der Website-Besucher jederzeit zur Startseite zurück (Verlinkung zur Startseite „Home" ist überall vorhanden)?			
Ist eine Suchfunktion oder ein Schnellzugriff auf die wichtigsten Menüpunkte („Quick Links") auf der Website stets verfügbar?			
Wird Ihre Website regelmäßig hinsichtlich Benutzerinnen-/Benutzerfreundlichkeit (Usability) getestet und/oder führen Sie periodisch Nutzerinnen-/Nutzerbefragungen durch, um die Website-Qualität zu verbessern?			
Funktionieren alle Verlinkungen (also keine „toten" -Verlinkungen)? Ein stichprobenartiger Test ist auf www.tsdesigns.de/de/suchmaschinenoptimierung/linkcheck durchführbar!			
Werden hilfreiche Informationen zum Download angeboten (bspw. die Speisekarte) und gibt es Hinweise auf das Format und die Größe von Dateien, bevor man sie herunterlädt?			
Ist Ihre Website barrierefrei programmiert?			
Gestaltung, Illustration und Texte			
Kann die Schriftgröße durch die Website-Besucherin/den Website-Besucher selbst verändert werden (viele Browser bieten eine Funktion zur Vergrößerung von Schriften)?			
Sind die Texte nicht zu lang und in lesbaren Blöcken dargestellt (maximal ca. 1.000 Zeichen pro Seite – stichprobenartige Überprüfung)?			
Sind die Texte grundsätzlich positiv formuliert (wenig Passivformen, motivierender Stil, keine Imperative – stichprobenartige Überprüfung)?			

(Fortsetzung)

Tab. 2.3 (Fortsetzung)

Testen Sie die Qualität des eigenen Internetauftritts:	Ja	Nein	?
Sind Fotos gut ausgeleuchtet, die Motive problemlos erkennbar und entsprechen sie den Anforderungen Ihrer Gäste (positiv, aktuell, Jahreszeitgemäß etc.)?			
Werden Fotos durch Texte erläutert bzw. wird der Bezug zum Text hergestellt?			
Sind Fotos und Livestreams einer Livecam (bspw. Webcam aus Ihrer unmittelbaren Umgebung, dass das „Gastgartenwetter" zeigt) direkt auf Ihrer Website eingebunden?			
Passt die Gestaltung der Website zu dem Ambiente Ihres Lokals?			
Enthalten die Texte konkrete Handlungsempfehlungen wie „Kontaktieren Sie uns!" oder „Tischreservierung hier!"			
Technik			
Kann die Website in verschiedenen Internet-Browsern ohne wesentliche Beeinträchtigungen betrachtet werden (Firefox 3 und 4, Internet Explorer 6, 7 und 8, Google Chrome, Safari für Mac)?			
Benötigt die Startseite nicht mehr als 5 Sekunden zum Laden (Test: http://www.iwebtool.com/speed_test - Ø Wert unter 5 Sekunden)?			
Sind alle Seiten mit Texten/Grafiken/Fotos (auf A4) gut druckbar bzw. mit einer Druckfunktion versehen (stichprobenartiger Test)?			
Hat Ihr Entwickler auf behindertengerechtes Webdesign (= Barrierefreiheit) geachtet? Überprüfen können Sie dies hier: http://wave.webaim.org/			
Gastronomische Inhalte, Aktivität und Aktualität			
Sind das Leistungsangebot und die wichtigsten Merkmale des Betriebs (z. B. Anzahl Sitzplätze, Adresse & Kontaktdetails, Kinderspielmöglichkeiten, Lage & Anfahrtsbeschreibung, Behindertengerechtigkeit, Öffnungszeiten, Möglichkeiten der Zahlung,...) im Überblick vorhanden?			
Werden die einzigartigen Besonderheiten Ihres Betriebs (= worin er sich von anderen Betrieben unterscheidet) dargestellt („USPs")? Tipp: Am besten sind die USPs gleich auf der Startseite klar erkennbar!			
Sind Informationen zum Urlaubs-, und Freizeitangebot in der Region auf der Website vorhanden und wird zu anderen Anbietern verlinkt (z. B. Museen, Tourismusverband)? (Wichtig vor allem für Suchmaschinen, aber auch für Touristen, die Ihr Restaurant besuchen wollen)			
Werden Vorschläge für Wanderungen oder Ausflüge, kulturelle Veranstaltungen, regionale Produkte (!) in der Region gemacht (nicht nur Verlinkungen, sondern auch eigene textliche/grafische Beschreibungen)?			
Sind örtliche Informationen zum (Gastgarten-)Wetter auf der Website eingebunden?			

(Fortsetzung)

Tab. 2.3 (Fortsetzung)

Testen Sie die Qualität des eigenen Internetauftritts:	Ja	Nein	?
Bestehen auf der Website Verlinkungen zu lokalen, regionalen oder nationalen Tourismusorganisationen, zu Ihren Lebensmittellieferanten, sowie zu Marketingkooperationen wie etwa dem „BÖG“?			
Ist auf der Website ein Routenplaner (z. B. Google Maps) eingebunden oder zumindest direkt (d. h. mit vorgegebener Zieladresse) verlinkt und funktionstüchtig?			
Gibt es „News“ und/oder Informationen zu Veranstaltungen und sind diese aktuell?			
Gibt es auf der Website eine Jobbörse, in der freie Stellen ausgeschrieben werden und Interessierte online in Kontakt treten können?			
Aktualisieren Sie Ihre Website zumindest 4 × im Jahr – den Jahreszeiten entsprechend?			
Haben Sie einen Blog auf Ihrer Website eingebunden und schreiben Sie über aktuelle Inhalte?			
Angebot, Kontakt und Reservierung			
Enthalten die Preisinformationen alle wichtigen Angaben (z. B. inkl./exkl. Mwst., Preise mit oder ohne Gedeck, Rabatte, Währungsangabe,...)?			
Werden Ihre Angebote detailliert beschrieben (redaktionell aufbereitete Informationen wie bspw. Rezepte zu den Speisen oder Tipps vom Barchef zur Herstellung der Cocktails etc.)?			
Ist eine „echte“ Online-Reservierung in Echtzeit möglich (d. h. mit automatisierter Sofortbestätigung, automatischer Rückkoppelung mit dem Reservierungsplan,...) und werden die Daten verschlüsselt übertragen?			
Werden Spezialangebote wie Kochkurse, Weinverkostungen etc. offeriert und können diese Arrangements online reserviert werden?			
Sind Adresse und Telefonnummer sowie ein Kontaktformular und die E-Mail-Adresse des Betriebs auf der Website nach max. zwei Klicks (Klick auf die E-Mail-Adresse zählt mit) auffindbar?			
Wird auf der Website die Kontaktaufnahme über neue Kommunikationsmittel (wie z. B. „Skype“ oder Ähnliches) ermöglicht?			
Integrieren Sie auf Ihrer Website interaktive Elemente von „Web 2.0“-Portalen wie z. B. YouTube, Facebook, Twitter oder Flickr (z. B. Diashow, Facebook-Link, Weiterempfehlungs-Buttons wie „+1“ von Google oder „Gefällt mir“ von Facebook, YouTube-Video o. Ä.)?			
Ist eine Online-Abfrage von freien Tischen (Vakanzen) in Echtzeit möglich, z. B. über einen Tischverfügbarkeitskalender/Buchungska-lender?			
Gesetzliche Anforderungen			
Sind AGB vorhanden und leicht auffindbar?			
Ist ein Impressum vorhanden und entspricht das Impressum den gesetzlichen Bestimmungen?			
Werden Angaben zum Datenschutz gemacht?			
Zählen Sie hier die Anzahl der Antworten zusammen:			

Weniger als 28 „ja"-Antworten?
Ihre Internet-Agentur hat Handlungsbedarf! Legen Sie dieser das Testergebnis vor und beauftragen Sie Ihre Agentur binnen 3 Monaten die Versäumnisse aufzuholen. Danach führen Sie den Test nochmals durch. Sie warten Ihre Website selbst? Dann werden Sie aktiv und beheben die Fehler, also alle Zeilen, die mit „nein" angekreuzt sind. Meist liegt die Wahrheit aber in der Mitte und Bereiche wie „Technik" sind ausgelagert, Bereiche wie „Aktualität" liegen bei Ihnen. Hier müssen Sie klare Verantwortlichkeiten schaffen: Also „wer hat was zu erledigen" und danach können Sie sich wieder daranmachen die Fehler zu beheben bzw. beheben zu lassen.

Mehr als 10 „weiß nicht"-Antworten?
Vermutlich haben Sie zu wenig Zeit, um sich um Ihre Website zu kümmern?! Kein Problem. Betrauen Sie doch jemanden in der Firma, der die Agenden für Sie in die Hand nimmt und geben ihr/ihm diesen Leitfaden gleich mit auf den Weg.

Mehr als 28 „ja"-Antworten?
Ihr eigener Internet-Auftritt hat keine oder nur wenige Schwachpunkte. Gratulation! Sie können getrost mit dem nächsten Schritt und Test beginnen (Tab. 2.4).

Tab. 2.4 Schnelltest „E-Mail"

Testen Sie hier die Qualität Ihrer Gästedialoge per E-Mail:	Ja	Nein	?
Antwortzeit			
Werden alle E-Mail-Anfragen innerhalb von 24 Stunden beantwortet?			
Formale Gestaltung			
Beinhaltet die E-Mail-Adresse den (Haupt-)Domainnamen (z. B. info@restaurant-xy.at)?			
Wird die E-Mail in gängigen Mail-Programmen (Outlook, Thunderbird, Internet-Mail…) korrekt dargestellt? Ein Programm, um dies herauszufinden ist etwa: http://www.emailonacid.com/features/details/C11/9			
Wenn mit einer angehängten Datei gearbeitet wird: Wird das PDF-Format verwendet und im Text auf die angehängte Datei hingewiesen?			
Enthält die E-Mail einen aussagekräftigen Betreff (nicht nur: „Antw." oder Ähnliches)?			
Enthält der Betreff keine Worte wie „Liebe", „Frei", „Hilfe" oder „Rabatt"? Diese E-Mails landen in der Regel im Spam-Ordner der Empfängerin/des Empfängers.			

(Fortsetzung)

Tab. 2.4 (Fortsetzung)

Testen Sie hier die Qualität Ihrer Gästedialoge per E-Mail:	Ja	Nein	?
Wird der Gast persönlich mit korrekt geschriebenem Namen angesprochen?			
Ist die E-Mail frei von Rechtschreib- und Grammatikfehlern?			
Inhaltliche Qualität			
Wenn Ihr Lokal zum angefragten Zeitpunkt ausgebucht ist: Werden automatisch alternative Termine vorgeschlagen oder auf ein anderes Lokal in der Region weiterverwiesen?			
Wird immer speziell auf die besondere Situation des Gastes (z. B. Familie mit kleinen Kindern) eingegangen und alle gestellten Fragen (Preis, Kinderstühle, Vorhandensein eines Kinderspielplatzes etc.) konkret beantwortet?			
Kontakt & Verkaufsförderung			
Wird der Name des Absenders (Gastgeberin/Gastgeber oder Servicemitarbe iterin/Servicemitarbeiter) verwendet?			
Wird der Name, die Adresse, die Telefonnummer und die Internetadresse Ihres Betriebs angegeben?			
Wird ein Newsletter-Service o. Ä. in E-Mail angeboten?			
Wird ein Facebook-Link oder ein Twitter-Konto mit angeführt?			
Wird auf spezielle Aktionen oder Vorteile des Betriebs hingewiesen?			
Zählen Sie hier die Anzahl der Antworten zusammen:			

Weniger als 12 „ja"-Antworten?
Das E-Mail-System ist der WICHTIGSTE Weg – aus Sicht des Gastes– um mit Ihnen direkt in Kontakt zu treten. Widmen Sie der E-Mail daher genügend Zeit und schulen Ihre Mitarbeiterinnen/Mitarbeiter für das Texten von E-Mail-Antworten!

Mehr als 3 „weiß nicht"-Antworten?
Wahrscheinlich haben Sie die „weiß nicht" im Bereich der formalen Gestaltung angekreuzt. Lassen Sie sich hier von Ihrer Agentur oder einer technikaffinen Mitarbeiterin/einem technikaffinen Mitarbeiter technisch beraten.

Mehr als 12 „ja"-Antworten?
Ihre E-Mail-Handhabung ist vorbildlich. Wenn Sie auch alle Mails innerhalb von 24 Stunden beantworten, um unter den ersten Angeboten im Briefkasten Ihres Gastes zu sein: Gratulation! Sie können getrost mit dem nächsten Test beginnen.

2.2.4 Schritt 3: Gönnen Sie Ihrer Restaurant-Website Suchmaschinenmarketing und –optimierung!

Sie haben nun also eine perfekte Website und managen Ihren E-Mail-Verkehr professionell. Doch wenn Sie nicht bei Google gefunden werden, existieren Sie leider nicht im Internet und Sie werden (noch) keine Gedecke über Ihre Website verkaufen können.

Warum? 91,5 % aller Gäste, die sich im Internet bewegen, nutzen Google & Co., um ein Restaurant zu finden. 63 % aller Gäste nutzen die Suchmaschine im allerersten Schritt ihrer Recherche. Salopp gesagt: „Der Restaurantbesuch beginnt bei Google!". Daher sollte Ihre Website auf der ersten Seite der Suchergebnisse gelistet werden. Von der Suchmaschine auf die Restaurantwebsite, danach noch zu einer Bewertungsplattform wie Qype, um die Restaurantwahl abzusichern, und dann wird reserviert. Dies ist der häufigste Prozess der Gäste bei der Restaurantsuche im Internet.

Welche Rolle spielen hierbei Facebook, Twitter & Co? Sie können Ihnen bei Ihrem Suchmaschinenmarketing sehr gut behilflich sein, denn auch wenn Ihr Gast nicht bei Twitter sein sollte: „Google sieht alles!" Zum einen dienen Inhalte in Facebook, Twitter & Co. dazu, dass die eigenen Websiteinhalte in Suchmaschinenergebnissen besser gelistet werden. Zum anderen dienen die Auftritte in Facebook natürlich auch dazu, von dort direkt Zugriffe durch Links auf die eigene Website zu bekommen. In diesem Sinne wird Facebook sozusagen zu einer Suchmaschine an sich.

Im folgenden Test erfahren Sie, ob Ihr Suchmaschinenmarketing bereits erfolgreich ist bzw. welche Schritte Sie für ein optimales Suchmaschinenmarketing unternehmen müssen (Tab. 2.5).

Tab. 2.5 Schnelltest „Suchmaschinenmarketing und –optimierung"

Testen Sie hier die Qualität Ihres Suchmaschinenmarketings und Ihrer Suchmaschinenoptimierung:	Ja	Nein	?
Sind die Texte auf der Website für die Suchmaschinen lesbar, d. h. sind die wichtigen Begriffe als Texte formatiert? Test mit: www.iwebtool.com/spider_view			
Sind die Titel („Title-Tag") der Webseiten aussagekräftig in Bezug auf den Inhalt und enthalten sie relevante Begriffe, welche die Kernkompetenzen Ihres Betriebs widerspiegeln und sind „Description-Tag" und „Keyword-Tag" aussagekräftig?			
Führen mehr als 50 Links von anderen Seiten auf die eigene Website? Test mittels: http://siteexplorer.search.yahoo.com			
Ist die Website unter den ersten 10 Ergebnissen auffindbar, wenn in Google mit dem Produkt-/Dienstleistungsbegriff + Name des Ortes gesucht wird? (Test in der entsprechenden Länderversion von Google)			

(Fortsetzung)

Tab. 2.5 (Fortsetzung)

Testen Sie hier die Qualität Ihres Suchmaschinenmarketings und Ihrer Suchmaschinenoptimierung:	Ja	Nein	?
Ist die Website unter den ersten 10 Ergebnissen auffindbar, wenn in Google mit den Wörtern „Restaurantname"/„Barbezeichnung"/etc. + Ortsname gesucht wird? (Test in der entsprechenden Länderversion von Google)			
Hat die Website einen Google-„PageRank" von mehr als 3? (Prüfung der Startseite)			
Ist die Webadresse so gewählt, dass sie einen sinnvollen Bezug zur Region/zum Betrieb herstellt? Z. B. Verwendung der Betriebsart in der Adresse: www.restaurant-xy.at			
Werden Grafiken/Fotos im „Alt-Tag" textlich beschrieben? (Prüfung der Startseite)			
Nutzen Sie Google AdWords zur Bewerbung Ihrer Website?			
Sind Sie auf Web 2.0-Plattformen aktiv, schreiben dort Texte, die Ihre USPs, die Destination und Ihren Restaurant-, Bar-, Cafénamen beinhalten und haben auch den Link zu Ihrer Internetadresse in den Profilen eingebunden?			
Ist Ihr Haus in Restaurantbewertungsplattformen wie z. B. www.qype.com *auffindbar und sind die Informationen vollständig (Text/Bilder)?*			
Befinden sich Fotos auf bspw. Flickr und Videos auf bspw. YouTube, die zu Ihrer Homepage verlinkt sind und verlinken Sie umgekehrt zu Inhalten auf Vimeo, Picasa und Co.?			
Kommentieren Sie Blogbeiträge (sinnvoll) und verlinken in Ihrer Antwort auf Ihre Homepage ohne die Werbung in den Vordergrund (!) zu stellen?			
Werden Grafiken/Fotos im „Alt-Tag" textlich beschrieben?			
Zählen Sie hier die Anzahl der Antworten zusammen:			

Weniger als 11 „ja"-Antworten?
Für kleine Betriebe und/oder technikinteressierte Wirtinnen/Wirte empfiehlt es sich die sehr gute, praxisorientierte und kurze Anleitung aus dem Internet unter: www.google.de/webmasters/docs/einfuehrung-in-suchmaschinenoptimierung.pdf herunterzuladen, durchzulesen und mit der Suchmaschinenoptimierung zu starten. Für Betriebe mit über 15 Mitarbeiterinnen/Mitarbeitern zahlt sich im Normalfall ein professionelles Suchmaschinenmarketing aus.

Mehr als 4 „weiß nicht"-Antworten?
Suchmaschinenmarketing und -optimierung ist etwas für Internetprofis. Sie setzt viele technische Kenntnisse voraus. Ein eigener Berufsstand, der des „Search

Engine Marketers“ hat sich hierfür entwickelt. Lagern Sie diese Aufgabe an Ihre Internet-Agentur aus und kontrollieren Sie den Erfolg mit diesem Test UND der Anzahl der Online-Reservierungen über Ihre eigene Website.

Mehr als 11 „ja“-Antworten?
Ihre Suchmaschinenmarketing und –optimierung ist vorbildlich. Sie werden im Internet gefunden und können getrost mit dem nächsten Test beginnen.

2.2.5 Schritt 4: Mit Newsletter-Marketing gezielt auslastungsschwache Zeiten überbrücken!

Das Newsletter-Marketing, das Versenden von elektronischen Postwurfsendungen, ist in der Gastronomie ein klassisches Gästebindungselement, mit dem Sie Ihre Stammgäste auf dem Laufenden halten und vor allem (!) sehr wirkungsvoll Spezialangebote, die Sie in auslastungsschwache Zeiten platzieren, verkaufen können.

Voraussetzung: Eine funktionierende Adresssammlung mit den wichtigsten Gästedaten. Für ein Mail á la „Liebe Frau Monika! Unser Nikolausmenü für Sie und Ihren Partner Thomas hat es in sich…“ benötigen Sie auch eine Aufzeichnung der wichtigsten Gästeinfos wie Vor- und Nachname, Familienstatus, Geburtstag, bekannte kulinarische Vorlieben und Allergien und den Hinweis, ob der Gast die Erlaubnis gegeben hat, ihm einen Newsletter zu senden.

▶ Häufigkeit und Zeitpunkt des Newsletter-Versandes sind wichtig für erfolgreiche Newsletter! Das „Prince“ – ein Café, Bar, Lounge-Lokal in Peuerbach will vor allem das Bargeschäft ankurbeln und sendet den Newsletter daher genau dann, wenn die Gäste überlegen, wohin sie denn am Wochenende ausgehen sollen – Freitag vormittags. Maximal ein- bis zweimal im Monat. E-Mails am Wochenende oder spät abends werden leicht übersehen.

Laut Marktforschung sind Newsletter-Empfängerinnen/Empfänger jene Gäste, die gut verdienen und gerne mit Ihnen in Kontakt bleiben wollen.

Der Newsletter hat nach der Website den höchsten Wirkungsgrad. Der Wirkungsgrad ist das Verhältnis zwischen Newsletter-Empfängerinnen/Empfängern und Tischreservierungen. Je besser dieses Verhältnis ist, desto wirkungsvoller die Online-Marketing-Maßnahme. Er steht daher auf der vierten Stufe Ihrer Online-Marketing-Pyramide!

Wie sieht es nun in Ihrem Betrieb aus? Testen Sie es mit dem nächsten Schnelltest in Tab. 2.6.

Tab. 2.6 Schnelltest „Newsletter-Marketing"

Testen Sie hier die Qualität Ihres Newsletter-Marketings:	Ja	Nein	?
Nutzen Sie Newsletter oder Direktmailings per E-Mail, welche Sie periodisch an interessierte Gäste versenden?			
Setzen Sie die Newsletter bewusst und geplant vor auslastungsschwachen Zeiten ein, um Ihre Auslastung zu erhöhen?			
Stellen Sie sich vor dem Texten des Newsletters die Frage: „Was ist aus Sicht meines Gastes eine spannende Information?", anstatt ihr/ihm in erster Linie Verkaufsbotschaften zu senden? Tipp: Die Speisekarte alleine reicht nicht!			
Haben Sie einen Plan, ein Konzept zur Gewinnung von E-Mail-Adressen? Fragen Sie Ihre Gäste bspw. um deren E-Mail-Adresse und lassen sie sich die Erlaubnis geben, ihnen einen Newsletter zusenden zu dürfen?			
Sprechen Sie die Gäste persönlich an im Newsletter?			
Sind Ihre Mitarbeiterinnen/Mitarbeiter, hier vor allem Ihr Servicepersonal, zu jeder Zeit über die Inhalte des aktuellen Newsletters informiert?			
Gibt es im Newsletter einen Link zur Abbestellung des Newsletters?			
Kann über Ihre Website ein Newsletter bestellt werden?			
Beenden Sie Ihren Newsletter mit einer E-Mail-Adresse, Telefonnummer und der URL Ihrer Website und sind diese richtig geschrieben?			
Haben Sie Ihren Newsletter in Newsletter-Verzeichnissen eingetragen? Bspw. http://www.newslettersuchmaschine.de			
Wird ein Facebook-Link oder ein Twitter-Konto angeführt?			
Kann über Ihren Facebook-Account ein Newsletter bestellt werden?			

(Fortsetzung)

Tab. 2.6 (Fortsetzung)

Testen Sie hier die Qualität Ihres Newsletter-Marketings:	Ja	Nein	?
Vermerken Sie neben der E-Mail-Adresse und dem Hinweis ob eine Newsletter-Erlaubnis vorliegt in Ihrer Kontaktdatenbank auch wichtige Daten wie Vorname, Nachname, Geburts- Hochzeits- oder Jahrestage, bekannte geschmackliche Vorlieben und Allergien bei den Gästeinformationen?			
Sind statt großen Anhängen beim Newsletter direkte Verlinkungen zu den entsprechenden Downloadmöglichkeiten auf Ihrer Website vorhanden?			
Enthält der Betreff keine Worte wie „Liebe“, „Frei“, „Hilfe“ oder „Rabatt“? Diese E-Mails landen in der Regel im Spam-Ordner der Empfängerin/des Empfängers.			
Zählen Sie hier die Anzahl der Antworten zusammen:			

Weniger als 11 „ja“-Antworten?
Sollten Sie noch keinen Newsletter versenden oder hierbei noch Optimierungsbedarf benötigen, sehen Sie sich doch einmal den sehr guten und ausführlichen Newsletter-Marketing-Leitfaden mit dem Titel „Leitfaden E-Mail Marketing 2.0“ von Torsten Schwarz mit der ISBN 978-3000271809 an.

Mehr als 11 „ja“-Antworten?
Ihr Newsletter wird regelmäßig versandt und hilft Ihnen Ihre Gäste zu Wiederkäufern zu machen? Top! Sie nähern sich in eilenden Schritten der nächsten Stufe in Ihrer Pyramide.

Mehr als 5 „weiß nicht“-Antworten?
Lassen Sie sich von Ihrer Internet-Agentur oder der/dem Verantwortlichen in Ihrer Firma die offenen Punkte erklären.

2.2.6 Messung der Zielerreichung

Ob mit einer Strichliste, einer Excel-Tabelle oder einem professionellen CRM-Tool: Messen Sie am Ende, ob Sie Ihre Ziele erreicht haben. Und entscheiden Sie dann, wie Sie bestimmte Online-Marketing-Werkzeuge in der Folgeperiode (Monat/Quartal/Saison/Jahr) einsetzen!

Eine einfache Marketing-Deckungsbeitragsrechnung (= Umsatz−variable Marketingkosten) kann Ihnen dabei helfen zu bewerten, welche Werkzeuge wie erfolgreich waren.

- Testen Sie immer auch genau, WELCHE Gäste über Ihre NEUEN Online-Kanäle zu „Wiederholungs-Täterinnen/Tätern" oder Neugästen wurden. Begnügen Sie sich nicht mit der bloßen Zählung von getätigten Verkäufen in Ihrem neuen Online-Kanal!
  Warum? Damit Sie wissen, ob sich die Maßnahme WIRKLICH ausgezahlt hat!
  Denn, wenn es das Ziel der Einführung einer neuen Online-Marketing-Maßnahme war, neue Gäste zu gewinnen, hilft nur ein Vergleich der Gästenamen, die im letzten Monat über die eingesetzten Online-Kanäle kamen, mit denen von der Gästeliste aus dem Vergleichsmonat des Vorjahrs.
  Reduzieren Sie nun die Verkaufszahlen, die Sie aus Ihren neuen Online-Marketingmaßnahmen vorliegen haben um jene Personen, die bereits einmal in Ihrem Restaurant waren. Nun wissen Sie, wie viele echte (!) Neugäste Sie gewinnen konnten und wie viele Gäste bereits einmal bei Ihnen waren - diesmal aber eben über den neuen Online-Kanal gebucht oder von Ihnen erfahren haben.

Hier ein konkretes Beispiel: Sie haben Ihre Internetagentur beauftragt eine Suchmaschinenoptimierungs-Maßnahme für Ihre Website durchzuführen und verkauften dadurch: 10 Menüs á EUR 55,–inkl. Weinbegleitung, die dem Suchbegriff „Fischrestaurant + Drautal" zurechenbar sind. Das ergibt den Umsatz von EUR 550,– abzüglich von EUR 30,– pro Reservierung. Diese EUR 30,– sind an die Internet-Agentur zu zahlen und machen insgesamt EUR 150,– aus, da immer für zwei Personen reserviert wurde. Somit ergibt sich ein Marketing-Deckungsbeitrag aus der Maßnahme „Suchmaschinenoptimierung auf die Begriffskombination Fischrestaurant + Drautal" von EUR 400,– (Tab. 2.7).

Tab. 2.7 Schnelltest „Arbeiten mit Zielgrößen"

Testen Sie hier, wie sehr Sie mit Zielgrößen arbeiten:	Ja	Nein	?
Führen Sie in Ihrem Restaurant Gästebefragungen durch und fragen dabei auch ab, wie diese auf Ihr Restaurant aufmerksam wurden? (Eigene Website, Facebook & Co., Qype & Co., Offline-Medien, Empfehlung von Freundinnen/Freunden etc.)			
Messen Sie, über welche Kanäle (Telefon, Fax, eigene Website, Bannerwerbung A, Bannerwerbung B, Newsletter, E-Mail, Brief, Verweis von Website A, Verweis von Website B etc.) Ihre Gäste reserviert haben?			
Werden die Zugriffe auf Ihre Website durch ein Statistik-Tool ausgewertet (z. B. mit Google Analytics, eTracker etc.) und ziehen Sie Konsequenzen für die Websitegestaltung?			
Kennen Sie die wichtigsten Suchbegriffe aus Ihrer Website-Analyse? Optimieren Sie auf Basis dieser Informationen Ihr Suchmaschinenmarketing?			
Kennen Sie das Verhältnis zwischen Zugriffsquellen (Google + Suchbegriff, Facebook, YouTube, usw.) auf Ihrer Website und den daraus erzielten Reservierungen?			

(Fortsetzung)

Tab. 2.7 (Fortsetzung)

Testen Sie hier, wie sehr Sie mit Zielgrößen arbeiten:	Ja	Nein	?
Kennen Sie die Statistik Ihrer Facebook-Fanseite und haben Sie diese bereits einmal mit der Statistik Ihrer Website verglichen (etwa, was das Alter der Gäste betrifft)?			
Wissen Sie, wie viele E-Mail-Anfragen Ihr Betrieb pro Monat erhält und wie viele davon zu Reservierungen führen?			
Wissen Sie wie viele Stunden Sie pro Monat für die Beantwortung von Gästeanfragen via E-Mail aufwenden und was dies kostet?			
Wissen Sie, wie viele Stunden Sie pro Monat für die Aktualisierung des Internetauftrittes aufwenden und was dies kostet?			
Wissen Sie, wie viele Stunden Sie pro Monat für das Beantworten und Beobachten von Reaktionen in sozialen Online-Netzwerken wie Facebook aufwenden und was dies kostet?			
Wissen Sie, wie viele Stunden Sie pro Monat für das Beantworten und Beobachten von Reaktionen in virtuellen Bewertungsplattformen wie qype.com aufwenden und was dies kostet?			
Wissen Sie, wie Wissen Sie, welche Kosten pro Jahr für Online-Marketing UND Online-Vertrieb aufgewendet werden (ohne innerbetriebliche Kosten)?			
Wie hoch ist das jährliche durchschnittliche Budget für die Durchführung von Online-Marketing-Maßnahmen (z. B. Newsletter-Marketing, Google Adwords)?			
Wie viele Newsletter senden Sie aus und wie viele Buchungen erhalten Sie daraus?			
Zählen Sie hier die Anzahl der Antworten zusammen:			

Weniger als 9 „ja"-Antworten?
Kennzahlen sind oftmals ein heikles Thema, weil es sich um Betriebsinterna handelt und Sie die Berechnung verständlicherweise nicht so gerne auslagern wollen. Hier hilft nur, die Kennzahlen selbst zu errechnen. Fangen Sie mit den Basiskennzahlen aus Abschn. 2.2.1 an. Ein sehr guter Leitfaden, der sowohl für Einsteigerinnen/Einsteiger als auch für erfahrene Online-Marketing-Analytikerinnen/Analytiker strukturiert den Weg zum Berechnungserfolg zeigt, ist das Buch von Axel Amthor und Thomas Brommund mit dem Titel „Mehr Erfolg durch Web-Analytics: Ein Leitfaden für Marketer und Entscheider". ISBN: 978-3446421394.
Wenn Sie die Webanalysen auslagern, schreiben Sie diese systematisch aus. Eine Vorlage für eine derartige Ausschreibung ist im oben genannten Buch auf S. 214 zu finden. Wenn die Internet-Agentur dann Ihre Webanalyse-Werkzeuge präsentiert,

stellen Sie klar, dass Sie keine „Features" (etwa Temperaturkarten, die zeigen, wo häufig geklickt wird) benötigen, sondern konkrete Antworten auf Fragen aus Ihrem täglichen Geschäft. Diese Fragen können Sie bspw. der obigen Tabelle entnehmen.

Mehr als 5 „weiß nicht"-Antworten?
Lernen Sie mehr zum Thema Erfolgsmessung in dem oben vorgestellten Leitfaden.

Mehr als 9 „ja"-Antworten?
Gratulation, Sie benutzen die Werkzeuge des Gastronomie-Online-Marketings nicht nur, sondern bewerten auch das damit erzeugte Werkstück. Ist das Ergebnis nicht in Ihrem Sinne, greifen Sie zu einem anderen Werkzeug oder lernen Sie den Umgang mit dem bestehenden besser, bis Sie ein perfektes Werkstück erzeugt haben.

2.3 Der 5. Schritt zum Erfolg: Facebook, Twitter & Co. als die Krönung Ihrer Gastronomie-Online-Marketing-Pyramide

Sie haben Ihre bisherige Leistung im Gastronomie-Online-Marketing in Abschn. 2.2 auf Herz und Nieren getestet? Dann sind Ihnen sicher die kursiv gedruckten Fragen in den Tests aufgefallen. An diesen Stellen ging es immer auch schon um den fünften Schritt Ihrer Gastronomie-Online-Marketing-Pyramide, dem „Social-Media-Marketing" (= SMM).

Dass Sie schon bis hierher mit SMM konfrontiert waren, zeigt Ihnen die Tatsache, dass SMM an der Spitze Ihrer Pyramide mit den unteren Ebenen verwurzelt ist.

Kennen Sie die Ausdrücke, die im Zusammenhang mit dem SMM oftmals verwendet werden? Dann lesen Sie gleich hier weiter. Sonst empfehlen wir Ihnen, das „Fachlexikon und Glossar" im Anhang vorzuziehen und danach an diese Stelle zurückzukehren, um weiterzulesen.

SMM ist ein weiteres Werkzeug Ihres Online-Marketings, das Ihrem Restaurant konkret dabei helfen kann,

- die eigene Marke, das eigene Restaurant, bekannter zu machen und eine Steigerung der Zugriffszahlen auf Ihre Website zu ermöglichen.
- eine weitere Dialogmöglichkeit zwischen Ihren Zielgruppen und der Marke, Ihrem Restaurant, zu erlangen.
- Dialoge innerhalb der Zielgruppe über die Marke, Ihr Restaurant, zusätzlich anzuregen.

SMM kann so dabei helfen, die Gästebeziehungen zu intensivieren und dadurch eine Steigerung der Verkaufszahlen durch Wiederkauf zu erreichen. Und: Ihren zufriedenen

Gästen kann es durch SMM zusätzlich ermöglicht werden, einfach auf Ihre Firmenprofile in Social-Software-Anwendungen zu verweisen: Helfen Sie Ihren Gästen doch dabei, Ihr Restaurant weiterzuempfehlen!

Aber wie planen Sie Ihr SMM nun so, dass es wie die anderen Online-Marketing-Werkzeuge, zu Ihrem Unternehmenserfolg beiträgt? Das zeigen wir Ihnen Schritt für Schritt auf den folgenden Seiten von Abschn. 2.3.1–2.3.5! Übrigens: Auch Ihre Internet-Marketing-Agentur wird sich im Falle einer kompetenten Beratung dieser Vorgehensweise bedienen.

2.3.1 Lernen Sie das Internetverhalten Ihrer Gäste kennen!

Es bringt nichts, wenn Sie die schönsten neuesten Marketing-Instrumente wie Facebook, Twitter & Co. benutzen, wenn Ihre tatsächlichen Gästegruppen eher konservative Medien und Informationswege bevorzugen.

Daher sollten Sie Ihre Zielgruppen, die Sie zu Beginn in Ihrem strategischen Marketing festgelegt haben, mit folgenden Fragestellungen konfrontieren:

- Mit welchen Motivationen (zu welchem Zweck) gehen meine Gäste ins Internet?
- Sind meine Gäste denn auch wirklich online?
- Welche Seiten sind für meine Gäste interessant?
- Wie aktiv sind meine Gäste im Internet?
- Wo gehen meine Gäste ins Internet?
- Welcher Internetnutzergruppe gehören meine Gäste an?

Die Nutzung von Internetdiensten hängt in erster Linie davon ab, weshalb die Leute ins Internet einsteigen. Die verschiedenen Motivationen stehen sozusagen vor dem Schritt, die Verbindung zum Internet aufzubauen. Die wichtigste Motivation ist die Informationssuche. Sie steht vor der Kommunikation und der Unterhaltung. Daher verwenden Internet-Nutzerinnen/Nutzer auch am öftesten Suchmaschinen, ihnen folgen Virtual Communities (= VC), danach kommt das Ansurfen von Websites von Softwareanbietern und an vierter Stelle – je nach Untersuchung – entweder das E-Mailen oder das Nutzen von sozialen Online-Netzwerken (= OSN).

Werden nun die Dienste, die zum Zweck des Dialogs gewählt werden, unter die Lupe genommen, zeigt sich: Die Verwendung von OSN ist nach dem E-Mailen, dem Chatten, dem Verwenden von Instant Messenger und knapp vor dem Telefonieren übers Internet der am vierthäufigsten genutzte Dienst. Allerdings weist dieser Dienst eindeutig die höchsten Zuwachszahlen auf! Werden die in den verschiedenen Diensten verbrachten Zeiten betrachtet, liegen OSN gemäß ihrer Natur schon vor der E-Mail-Nutzung.

Sie wissen nun, warum Ihre Gäste ins Internet gehen, welche Dienste sie verwenden um mit anderen in Kontakt zu treten und dass, in OSN wie Facebook, sehr viel

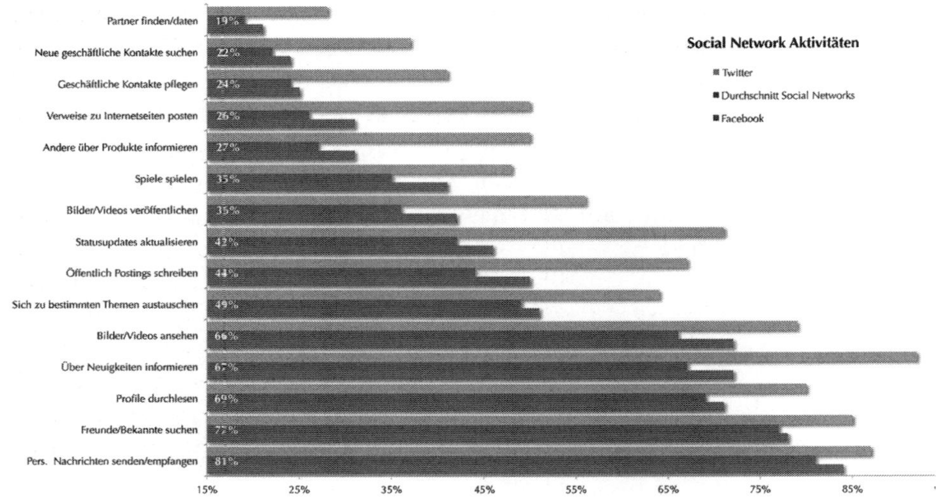

Abb. 2.4 Gründe zur Nutzung von OSN. Sie nutzen Facebook und Twitter zum.... Zahlenwerte = Prozentanteile innerhalb der Facebook-Nutzerinnen/Nutzer

Zeit verbracht wird. Welche Beweggründe sind es nun aber im Detail, die Ihre Gäste zu Facebook, Twitter & Co. surfen lassen (Abb. 2.4)?

Stellen Sie Ihren Gästen Bilder und Videos auf Ihren Social-Software-Profilen zur Verfügung, füttern Sie diese laufend mit Neuigkeiten und schicken Sie auch den einen oder anderen Newsletter über Facebook.

Praxisbeispiel

Wie können Fotos wirken? Das „Republic" in Salzburg hat die Wirkung von Fotos erkannt und engagiert am Wochenende eine professionelle Fotografin/einen professionellen Foto- grafen, die/der die Gäste knipst. Diese werden dann auf die Facebook-Fanseite platziert. Denn: „Sehen und gesehen werden" ist in Szene-Lokalen ein alt bekanntes Besuchs- motiv und dieser Effekt kann mittels Facebook konserviert und verlängert werden. Die Gäste markieren („taggen") sich nun gegenseitig auf den Bildern und so wächst der Kreis der Facebook-Nutzerinnen/Nutzer, die mit- bekommen, wer denn gestern wieder im „Republic" war. Und wenn die „Richtigen" dabei sind, dann will die eine oder andere Nutzerin/der ein oder andere Nutzer, der/die noch nie oder schon länger nicht mehr im „Republic" war, nächsten Freitag oder Samstag auch dabei sein. Von bis zu 15.000 Klicks auf die Bilder bei 3.200 Fans berichtet „Republic"-Geschäftsführer Michael Fasching.

Aber Achtung! Beachten Sie, dass hier die gleichen gesetzlichen Bestimmungen gelten wie für den Newsletter-Versand über das „normale" E-Mail-System. Sie brauchen also eine Erlaubnis vom Gast. Und nutzen Sie diese Funktion sehr gezielt und selten: Spammen Sie nicht!

Sollten Sie eine Gastronomin/ein Gastronom in einer Tourismusregion mit internationalem Publikum sein, ist es sehr wichtig zu wissen, dass das Internet und auch die OSN in ihren Quellmärkten unterschiedlich häufig genutzt werden. Sowohl die generelle Internet-Marktdurchdringung und Marktreife als auch die genutzte Social-Software ist sehr länderspezifisch.

So ist in Großbritannien der Markt bereits gesättigt und Facebook eindeutiger Marktführer, während der größte Wachstumsmarkt für OSN Russland ist und dort ein OSN namens vKontakte.ru der eindeutige Marktführer ist. Für österreichische Hoteliers sollte auch noch das holländische hyves.nl beachtet werden, wenn Niederländerinnen/Niederländer zu den Gästen zählen. Österreich selbst ist ein nahezu gesättigter Markt. Während die OSN-Penetration weltweit bei rd. 67 % der Online-Bevölkerung liegt, ist dies im deutschen Markt mit rd. 41 % der Onliner jedenfalls noch wesentlich geringer. In Österreich hingegen ist die OSN-Penetration mit rd. 70 % sehr hoch! Twitter ist z. B. ein US-amerikanisches Phänomen, wird jedoch in Europa derzeit noch nicht erwähnenswert aktiv von Ihren Gästen genutzt.

Wie sieht es nun mit Ihren Gästen aus? Sind diese online? Achten Sie darauf, dass Ihre Internet-Agentur Sie auch diesbezüglich berät und Angaben dazu macht, welche Personen (Alter, Interessen, Bildungsstand, Geschlecht, Herkunft) in welcher Anzahl in welchen Netzgemeinschaften unterwegs sind. Jede gute Internetagentur hat entsprechende Marktdaten auf dem Tisch und wählt je nach Herkunft Ihrer Zielgruppen maßgeschneiderte Kommunikationskanäle aus!

Sie selbst können sehr einfach feststellen, ob Ihre bestehenden Gäste online sind und wo sie sich im Internet aufhalten. Befragen Sie Ihre Gäste doch mittels Gästefragebogen dazu!

Was Facebook betrifft, können Sie sehr einfach und zielgerichtet selbst herausfinden, wer auf Facebook verfügbar ist. Klicken Sie hierzu auf „Mit einer Werbeanzeige bewerben“ im rechten Menü Ihrer Fanseite, und nachdem Sie Ihre Werbeanzeige mit wenigen Klicks grafisch gestaltet haben, gelangen Sie zum Punkt „Zielgruppe“. Hier können Sie nun auswählen, welche Personen Sie ansprechen wollen und sehen dann im rechten oberen Bildschirmbereich, um wie viele Personen es sich handelt. Nach dem Einsehen dieser Information können Sie den Prozess übrigens einfach abbrechen und müssen nicht unbedingt eine Werbeanzeige schalten! Sie wissen nun, ob Ihre Zielgruppe auf Facebook vertreten ist!

Doch wie aktiv sind die Menschen eigentlich in den OSN, also wie oft befinden sich die Gäste in den OSN und sind dort für Sie erreichbar?

Praxisbeispiel

Angenommen, das Arthotel-Restaurant „Blaue Gans“ in der Salzburger Innenstadt will für deutschsprachige Klassikmusikinteressierte zwischen 18 und 25 Jahren ein begehrenswertes Restaurant sein. Dann gibt es hierfür auf Facebook 18.740 potenzielle Gäste zu erreichen:

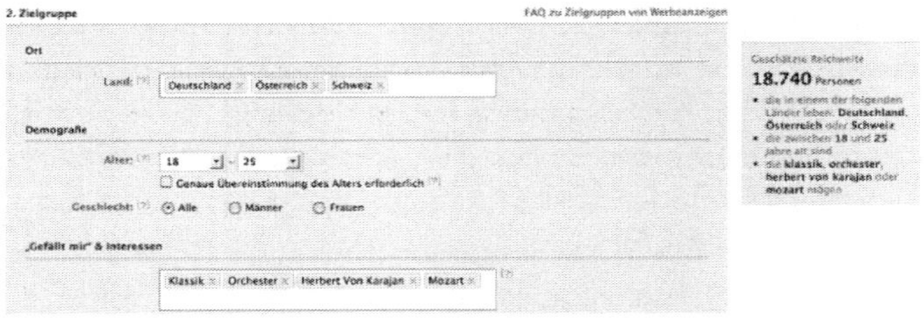

55 % der OSN-Nutzerinnen/Nutzer haben ein Profil in einem OSN angelegt, aber seitdem nicht mehr nachgesehen, 32 % steigen einmal im Monat in ihr OSN ein, 24 % einmal in der Woche und 10 % steigen täglich oder mehrmals am Tag ein. Die OSN mit dem höchsten Anteil an Intensiv-Nutzerinnen/Nutzer und den meisten Freundinnen/Freunden pro Mitglied sind Facebook, die VZ-Netzwerke (bspw. mein-vz.de, studivz.de) und wer-kennt-wen.de. Der Micro-Blog Twitter fällt in Bezug auf Nutzungsdauer und Marktanteil gegenüber den OSN ab.

Wie sieht es mit Ihren älteren Gästen aus? Mehrheitlich sind die Nutzerinnen/Nutzer von OSN (noch) jung, das Wachstum findet aber in allen Altersgruppen statt (Abb. 2.5):

Und wo gehen Ihre Gäste ins Internet?

Neben dem Arbeitsplatz und den eigenen vier Wänden ist das Internet zunehmend auch mobil verfügbar: Bereits jedes dritte Mobiltelefon ist ein sogenanntes Smartphone. Rund 50 % der Smartphone-Nutzerinnen/Nutzer gehen mit dem Telefon einmal pro Woche ins Internet, 82 % versenden SMS und 50 % verwenden mindestens einmal pro Woche die E-Mail-Funktion. Beinahe alle zusätzlichen Funktionen, die über das Telefonieren hinausgehen, werden von Männern viel intensiver genutzt als von Frauen.

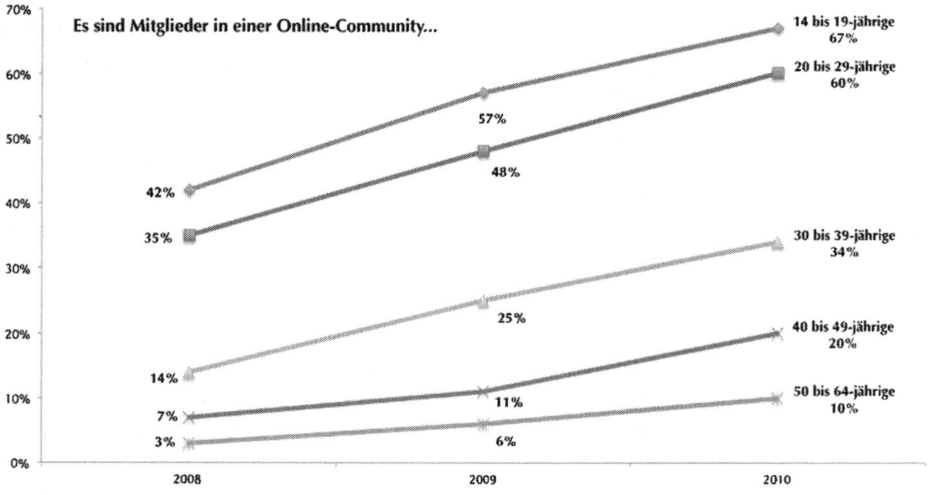

Abb. 2.5 OSN-Wachstum nach Altersklassen

Ein Blick auf „Jung" und „Alt" zeigt, dass die jüngere Zielgruppe (< 25 Jahren) bei der Internetnutzung am Telefon ungleich aktiver ist als ältere Generationen. Maximal zehn Minuten verbringen die Smartphone-Nutzerinnen/Nutzer im Internet. OSN werden von ca. 7 % der Deutschen mobil genutzt, also von rund 5,9 Mio. Menschen. Interessant ist, dass bereits die Hälfte (54 %), rund 3 Mio. Menschen, zusätzlich auch Applikationen – sogenannte Apps – verwenden.

Apps stellen Internetangebote grafisch schön aufbereitet und sehr einfach anzuwenden bereit. Apps gelten derzeit als DIE Zukunft der Internetnutzung. Testen Sie daher von Zeit zu Zeit auch Ihre Bewertungen in TripWolf, Qype, Foursquare, Gowalla, Tupalo, Yelp, Via Michelin etc.! Dies sind vor allem für die Gastronomie wichtige Bewertungs-Apps.

Sind Ihre Gäste Meinungsbildnerinnen/Meinungsbildner in der Online-Welt, Leserinnen/Leser von Meinungen oder gar nicht online?

Nehmen Sie einmal Ihre Gästeliste zur Hand und googlen Sie nach Ihren Gästen im Internet, um dies herauszufinden. Oder fragen Sie Ihre Gäste im Gästefragebogen oder in persönlichen Gesprächen nach deren Internetverhalten. Gerade Meinungsbi ldnerinnen/Meinungsbildner sollten Sie herausfiltern, diese Gästegruppe ermuntern und sich bei ihnen bedanken, wenn sie über Sie positive Meinungen posten. Es zahlt sich aus, denn diese Menschen haben viele „Freundinnen"/„Freunde", „Followers" und „Blogleserinnen"/„Blogleser". Deren Wort wird gehört und weitergetragen. So multiplizieren sich die Good News über Ihr Restaurants wie von alleine.

Zusammenfassend ist festzustellen, dass:

- Restaurants mit junger Kundschaft (z. B. trendige Bars, Schnellservicerestaurants) sich dem Thema SMM annehmen sollten.
- Gastronomie mit einer klaren Positionierung und Nischenprodukten (z. B. Bio-Restaurants, Musikbars mit Livemusik) eine höhere Erfolgsaussicht im SMM haben. Die Identifizierung des Gastes mit dem Lokal spielt eine hohe Rolle und diese ist bei klar positionierten Restaurants, Bars, Cafés wesentlich höher.
- Restaurants mit einem hohen Anteil an Gästen aus dem angelsächsischen Raum Facebook verwenden sollten und Restaurants mit einem hohen Anteil an US-amerikanischen Gästen Twitter testen könnten.
- Bewertungsportale wie Qype, Tupalo, Yelp, Foursquare, Gowalla oder Google Hotpot aktiv gepflegt und kontrolliert werden müssen. Sie sind für die Gastronomie die wichtigsten Medien im Web 2.0.

2.3.2 Definieren Sie Ihre Ziele und lernen Sie, welche Ziele Sie durch Facebook & Co. besonders gut unterstützen können!

Marketingziele haben sich immer nach dem Gast zu richten. Deshalb wollen wir uns nun, Schritt für Schritt, die Internetnutzung entlang des Kaufentscheidungsprozesses

Ihrer Gäste ansehen. Und zwar vom Moment des Entscheidens „Ich gehe essen!" bis zu dem Punkt des „Ich war in... bei... essen und habe... und... erlebt".

Wenn Sie wissen, wie Ihr Gast das Internet nutzt, können Sie entscheiden, welche Informationen Sie Ihrem Gast über welche Kanäle wann zur Verfügung stellen müssen, um seine Informationswünsche zu befriedigen, aber auch, um seine Ängste zu minimieren oder Vertrauen durch Gespräche zu schaffen. In der Abb. 2.6 zeigen wir auf einem Blick all diese Informationen. Sehen Sie sich an:

- Welche Informationsbedürfnisse Ihr Gast wann im Internet befriedigt haben will,
- Welche Ziele und Aufgaben sich für Ihr Online-Restaurant-Marketing aus diesen Bedürfnissen ergeben,
- Welche Social-Software-Anwendungen zur Zielerreichung gut einsetzbar sind,
- Welche klassischen Internetanwendungen Sie bis jetzt dafür einsetzen konnten,
- Wo Facebook genau helfen kann, die Aufgaben Ihres Gästebeziehungsmanagements zu unterstützen.

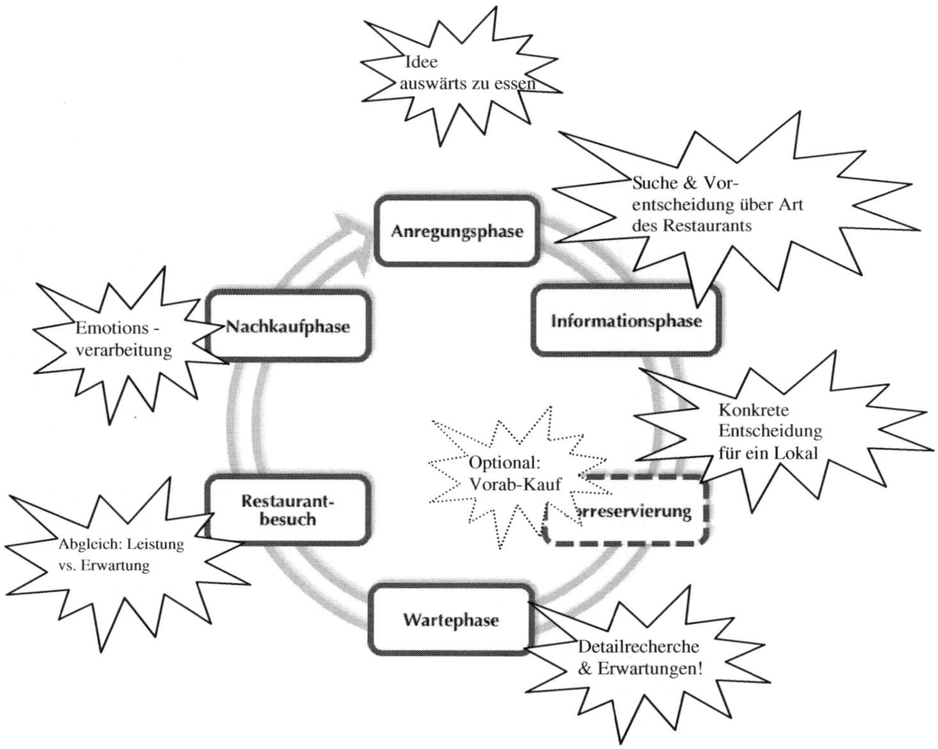

Abb. 2.6 Der Kaufzyklus Ihres Gastes

Das Gästebeziehungsmanagement ist sozusagen das Werkzeug, das Ihnen als Unternehmerin/Unternehmer helfen soll, um vor allem eines zu erreichen: Den Gast zu binden! Aber auch, um ihn zu gewinnen oder wiederzugewinnen, wenn er Ihrem Restaurant einmal untreu geworden ist.

Ein kleiner Ausflug in die Offline-Welt der Gästebeziehungen: Wie können Sie Ihren Gast binden?

Zum einen, indem Sie ihm finanzielle Anreize im Wiederkaufsfall anbieten wie bspw. einen „Stammgästerabatt". Oder Sie geben ihm eine Mitgliedskarte, die ihm auch finanzielle Vorteile bringt, wie bspw. bei einem „Treue-Sammelpass". Diese Bindungen sind aber teuer bezahlt und führen nicht zu nachhaltigen Gästebindungen. Ihr Gast ist dann zwar gebunden, aber noch lange nicht verbunden!

> Telefongespräche, Facebook-Meldungen, Twitter-Feeds, die Website, Fax, persönlicher Kontakt der Gäste mit Mitarbeiterinnen/Mitarbeitern, Ihr Briefverkehr, die Newsletter, E-Mail-Antworten, Buchungsformulare, Kontakte mit anderen Gästen (!) nennt man im Marketing die „Momente der Wahrheit".
> Denn genau bei diesen „Begegnungen" – egal ob persönlich oder unpersönlich – entscheidet sich, ob Ihr Gast Ihr Gastronomielokal etc. als positiv empfindet oder eben nicht. Sie müssen sprichwörtlich „Farbe bekennen".
> Dennoch kann die Qualität all dieser Gespräche und Botschaften die Gästezufriedenheit nur selten steigern: Denn dafür ist letztendlich immer Ihr Produkt verantwortlich!
> Aber: Schlechte Gespräche und Botschaften können Ihren Gast auch bei einem guten Produkt unzufrieden werden lassen, wenn Sie nicht perfekt sind!

Ein weitaus stärkerer Kleber ist die Gebundenheit. Diese ist nur durch Gästezufriedenheit in Kombination mit persönlichen oder sozialen Beziehungen zu erreichen. Ihr Gast kennt Sie und hat Vertrauen zu Ihnen. Sie machen Ihren Gast zum Botschafter Ihres Hotels oder der Urlaubsregion. Ihr Gast verabredet sich mit anderen Gästen in Ihrem Hotel und weil Sie dies erkennen, buchen Sie ihnen gegenüberliegende Zimmer ein, und vieles mehr. Ist Ihr Gast öfter zufrieden, wird er loyal. Und nur ein loyaler Gast verzeiht auch einmal den einen oder anderen Fehler. Er weiß: Sie und Ihre Mitarbeiterinnen/Mitarbeiter sind Menschen und „Irren ist menschlich!"

Doch nun werfen wir einen Blick auf die Kaufentscheidung Ihres Gastes und teilen diese in die verschiedenen Phasen ein. In jeder Phase hat Ihr Gast spezielle Bedürfnisse und tätigt konkrete Handlungen, die wir in den „Sternen" beschrieben haben. Oftmals verschmelzen einzelne Phasen ineinander. Vor allem wenn der Restaurant-, Bar-, Caféhausbesuch ein spontaner und nicht allzu kostspielig ist.

In Tab. 2.8 stellen wir nun jene Ziele dar, die Sie als gästeorientierte Unternehmerin/gästeorientierter Unternehmer verfolgen sollten, dar. Die folgenden Empfehlungen für die Marketingziele basieren auf Untersuchungen unter Gästen. Den Empfehlungen für die Gästebeziehungsziele sind Untersuchungen unter Branchenkollegi nnen/Branchenkollegen zu Grunde gelegt.

Tab. 2.8 Social-Software entlang des Reisezyklus des Gastes. ✓ = Facebook aus Sicht des Gastronomen sehr gut geeignet. ✗ = Facebook aus Sicht des Gastronomen weniger geeignet

	Anregungsphase	Informationsphase	Vorreservierungsphase	Wartephase	Restaurantbesuch	Nachkaufphase
Marketingziele:	Nachfrage stimulieren	Aufmerksamkeit & Minimierung des gefühlten Kaufrisikos	Vertrautheit = Minimierung des gefühlten Kaufrisikos	Minimierung der gefühlten Kaufreue & Zusatzverkauf	Schaffung von Ver- und Gebundenheit & Vertrautheit	Wertschätzung zeigen & Wiederkauf & Vertrautheit
Marketing-aufgaben:	Zusammenarbeit mit Destinations-organisationen & Marketingko-operationen; Eigene Werbeaktionen	Informations-bereitstellung & Sicherung der Informationsqualität & Präsentation	Bestätigung der Kaufentscheidung	Detailinfos bereitstellen & Dialog mit Gast & Service	Leistungserstellung lt. Gästeforderungen, Service = Produktkonfiguration	Dialog mit Gast auf- und annehmen
Aufgaben & Ziele des Gästebeziehungs-managements:	✓ Interessentinnen/ Interessenten-Management: Potenzielle Neugäste gewinnen	✓ Interessentinnen/ Interessenten-Management: Potenzielle Neugäste (in dem Fall alle Personen, die die Entscheidung in einen bestimmten Restaurationstypus zu gehen bereits getroffen haben) gewinnen	✗ Interessentinnen/ Interessenten-Management: Potenzielle Gäste gewinnen	✓ Neugäste-Management: Gewonnene Gäste festigen	✓ Gästebindungs-Management: Gäste stabilisieren	✓ Gästebindungs-Management: Stabile Gäste zum Wiederkauf animieren
					✗ Beschwerde-Management: Gefährdete Gäste binden (gilt für Restaurantbesuch und Nachkaufphase)	
						✗ Rückgewinnungs-Management: Verlorene Gäste wieder gewinnen
					✗ Beziehungsauflösungs-Management: Ungebetene Gäste abweisen (gilt für Restaurantbesuch und Nachkaufphase)	

(Fortsetzung)

Tab. 2.8 (Fortsetzung)

	Anregungsphase	Informationsphase	Vorreservierungsphase	Wartephase	Restaurantbesuch	Nachkaufphase
Beispiele geeigneter Kanäle im Web 1.0:	E-Mail, Websites von Marketingkooperationen, Google AdWords, Werbung auf Websites von themenrelevanten Seiten (bspw.latinoaustria.at für Latinorestaurants)	E-Mail, Restaurantwebsites, Suchmaschinen, Websites von Marketingkooperationen und Destinationen	E-Mail, Restaurantwebsites, Partnerportale mit Reservierungsfunktion wie Bookatable, opentable, Marcellino's, Qype, Reserviermich	E-Mail, Suchmaschinen, Restaurantwebsites, Destinationswebsites Websites von Partnern in unmittelbarer Umgebung (Theater,...)	–	Newsletter, Einträge in Gästebücher auf Restaurantwebsites
Beispiele geeigneter Kanäle im Web 2.0:	Facebook, Flickr, YouTube, Wikipedia, Twitter, Themen-Communities (bspw. salsacommunity.com für Latinorestaurants)	Google Hotpot, TripAdvisor, TripWolf, Yelp, Qype, Foursquare, Gowalla, Via Michelin, Tupalo u. v. m.	–	Blogs, Twitter-Anfragen, Facebook-Fanseiten, Facebook-Messages, Skype	Smartphone-Nutzung von LBS wie Restaurantführern etc. Vor Ort Informationsübertragung von Erfahrungen ins eigene soziale Netz	Einträge in Bewertungsportalen, Blogbeiträge schreiben, YouTube Filme hochladen, Flickr Fotos hochladen, Einträge auf Google Earth,...

Dienste wie Facebook, Flickr oder YouTube können besonders in der Anregungsphase relevant sein. Die Lust auf einen Restaurantbesuch kann hier durch Bilder, Filme von bspw. Kochshows aber auch durch positive Berichte von „Freundinnen"/„Freunden" geweckt werden. Klassisches Empfehlungsmarketing mittels neuer Medien. Speziell für Bars, Discos, Clubs ist Facebook bereits in der Anregungsphase sehr wichtig – vorausgesetzt es sind genügend Fotos und Videos auf der Fanseite online und die Fans markieren ihre „Freundinnen"/ „Freunden" aktiv auf diesen Bildern. Virtual Communities wie Bewertungsportale á la Qype sind vor allem in der Informations- und Vorreservierungsphase wichtig. Der Gast fühlt sich unsicher, da er Ihr Restaurant weder angreifen noch kurz testen kann. Diese Unsicherheit versucht er durch das Lesen von Bewertungen – oder als Tourist von Reiseberichten – zu verringern. Während des Restaurantbesuchs selbst werden mobile Dienste (Qype = Restaurantführer und Bewertungen, Foursquare = OSN und Restaurantbewertungen etc.) immer wichtiger in der Gastronomie. Vor allem in der Nach-Kauf-Phase kann Facebook im Hinblick auf die Festigung der Gästebeziehungen (z. B. über Fanseiten) einen wichtigen Beitrag leisten.

Da Facebook eine Fülle von Social-Software-Funktionen (wie Chats, Videofunktionen etc.…) in sich bündelt, eignet es sich besonders gut dafür, den Gast in den jeweiligen Phasen ihres/seines Restaurantbesuchs zu unterstützen.

In der Folge zeigen wir, wo die Social-Software Sie im Gästebeziehungsmanagement unterstützen kann, aber auch, wo sie dies nicht kann!

2.3.2.1 Interessentenmanagement

In der Anregungsphase können unterschiedliche Medien (online wie auch offline) und persönliche Erzählungen von Freundinnen/Freunden, Verwandten und Bekannten Aufmerksamkeit für ein bestimmtes Restaurant oder aber für einen bestimmten Restauranttypus (Italiener, Erlebnisrestaurant, Biorestaurant, Steakhaus, Tapas Bar, gut bürgerliches Restaurant u. v. m.) schaffen.

Speziell im Zusammenhang mit OSN können beispielsweise „Freundinnen"/„Freunde" im Netzwerk des potenziellen Gastes eine Anregung geben, indem veröffentlichte Inhalte wie Bilder von Speisen, in der Regel aber Bilder von den Gästen selbst, auf der Startseite angezeigt werden. Aber auch ein Facebook-Places-Eintrag kann die Aufmerksamkeit von neuen Gästen wecken. So zeigen die folgenden Abbildungen beispielhaft eine typische Facebook-Places-Statusmeldung eines Restaurantbesuchers inkl. den Reaktionen seiner „Freundinnen"/ „Freunde" und die Kommentare zum Bild eines Abends in einer Bar (Abb. 2.7).

Ist die Entscheidung zum Restaurantbesuch nicht schon in der Anregungsphase spontan getroffen worden, befindet sich der Gast in der sogenannten Informationsphase. In der Informationsphase recherchiert er die nötigen Informationen, vergleicht Sie mit Ihren Mitbewerberinnen/Mitbewerber, um im nächsten Schritt zu einer Nichtkauf-, oder aber einer Kaufentscheidung (= Reservierung) zu gelangen.

Dabei stehen ihm eine Fülle an On- und Offline-Informationsquellen zur Verfügung. Für die Online-Welt bspw. Suchmaschinen, Websites von Restaurants oder Themenportale (z. B. salsa.at oder latinoaustria.at für Latino-Lokale oder bioaustria.at

Abb. 2.7 OSN in der Anregungsphase: Statusmeldung eines Nutzers via Facebook-Places sowie Nutzer/Nutzerinnen-Kommentare zu einem Foto eines Szene-Lokals

für Bio-Restaurants), aber auch Web 2.0-Portale. Hier spielen die Informationen anderer Internet-Nutzerinnen/Nutzer mittlerweile eine große Rolle! Dafür werden zum Thema Restaurantbesuche von den Gästen in allererster Linie Bewertungsportale gewählt (bspw. Qype).

- ▶ Verknüpfen Sie den Fanseiten-Namen Ihres Restaurants entweder mit der Destinationsbezeichnung, also etwa: „Restaurant Lendplatzl in Graz" oder mit dem USP Ihres Restaurants, also etwa: „La Crêperie", um mit der Facebook- und Google-Suche in der Informationsphase gefunden zu werden. Denn hier sucht der Gast nach Orten und Themen, um entsprechende Restaurants zu finden.

63,4 % der internetnutzenden Gäste wurden schon einmal durch negative Bewertungen von einem Restaurantbesuch abgehalten und 55,5 % wurden von positiven Bewertungen animiert, das Restaurant aufzusuchen.

Doch auch in OSN könnte ein potenzieller Gast die netzwerkinterne Suche nutzen, um zu sehen, welche (professionellen) Inhalte[1] (= Fanseiten) es zum Thema Essen und Trinken bereits gibt. Leider tun dies derzeit noch vergleichsweise wenige potenzielle Gäste (etwa 3 % der Gäste, die auf OSN aktiv sind) (Abb. 2.8).

Eine Nutzerin/ein Nutzer könnte in dieser Phase aber auch einfach eine Statusmeldung abgeben, indem sie ihr privates Netzwerk nach Meinungen, Erfahrungen oder auch konkreten Empfehlungen zu einem Restaurant fragt…

In der Entscheidungs-und Vorreservierungsphase trifft der Gast auf Basis seiner recherchierten Informationen eine Entscheidung darüber, ob er ein Restaurant auswählt oder nicht und ob vorreserviert wird (werden muss) oder nicht. Hierbei unterstützen die Nutzerin/den Nutzer im Web Reservierungstools (etwa Livebookings), die in den Websites von Restaurants integriert sind und Reservierungsportale wie opentable.de und Andere mehr.

▶ Verweisen Sie direkt auf der Startseite Ihrer Fanseite auf das Reservierungsformular Ihrer Restaurant- Website und/Oder die E-Mail-Adresse für E-Mail-Reservierungen.

Auf OSN wie Facebook ist selten eine direkte Buchungsmöglichkeit integriert, jedoch kann auf die verschiedenen Buchungsmöglichkeiten hingewiesen und verlinkt werden. Warum nun aber wird über Facebook nichts verkauft, denn technisch gibt es ja schon entsprechende Lösungen? Branchenkolleginnen/Branchenkollegen berichten, dass die Preise und die Wartungsarbeit für eine solche Lösung noch in keiner Relation zum gemachten Umsatz stehen. Der Gast kauft sehr selten über Facebook, denn dort ist er, um seine „Freundinnen"/„Freunde" zu treffen, nicht aber, um Produkte oder Dienstleistungen wie einen Restaurantbesuch zu kaufen.

[1] Nur nach diesen kann gesucht werden. Private Kommentare, Meinungen etc. bleiben privat und sind nicht recherchierbar.

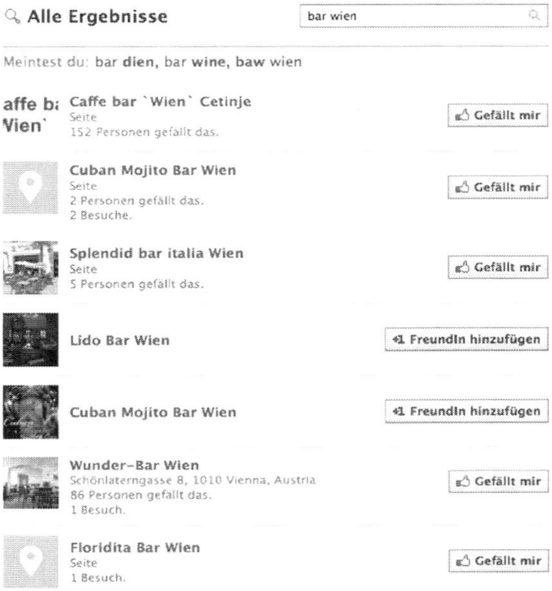

Abb. 2.8 OSN in der Informationsphase: Suchergebnis der netzwerkinternen Suche auf Facebook für „Bar Wien"

In der Entscheidungs-und Vorreservierungsphase ist auch zu beachten, dass die Online-Versorgung der Nutzerinnen/Nutzer mit vertrauenswürdigen Informationen einen beträchtlichen Anteil an Offline-Reservierungen bewirken kann und umgekehrt. Auch online gewonnene Gäste können offline reservieren!

2.3.2.2 Neugäste-, Gästebindungs-, Beschwerdemanagement

Beim Interessentinnen-/Interessentenmanagement, bei dem es darum geht, eine Beziehung zu initiieren, also erstmalig zu verkaufen, konnten Qype, Tupalo, Google Hotpots, Yelp, Foursquare, Gowalla und bei Gästen auf Reise TripAdvisor, TripWolf, HolidayCheck sowie Portale wie bookatable ihre Stärken im Web 2.0 ausspielen. Facebook war hier v. a. im Bereich der Szenegastronomie durch die Wirkung der Fotos bereits sehr erfolgreich.

Aus dem potenziellen Gast wurde nun durch die Buchung ein tatsächlicher Gast. Mit diesem gilt es nun eine Beziehung aufzubauen, diese zu festigen und zu stärken. Das Gästebindungsmanagement beginnt. Und hier haben nun Facebook & Co. im Web 2.0 klar die Nase vorn.

- In dieser Phase hat Ihr Gast „Kaufreue"! Was ist das?
  Sie kennen das Gefühl von sich selbst, nach einem Kauf in gewisse Zweifel zu verfallen. Haben Sie auch den günstigsten Preis erzielt? Haben Sie vielleicht zu viel, zu wenig gekauft? Oder ein zu hochwertiges oder zu minderwertiges Restaurant gewählt?

So können Sie Ihrem Gast diese negativen Gefühle nehmen: Schicken Sie Ihrem Gast mit der Reservierungsbestätigung Links zu Ihren positiven Restaurantbewertungen und laden Sie ihn ein, sich auf Ihrer Fanseite direkt von Ihren Stammgästen Tipps für seinen Abend bei Ihnen zu holen.

- Neugästemanagement

In der Wartephase ist aus der Interessentin/dem Interessenten nun durch die Vor-Reservierung oder einfach nur durch das mehr oder weniger spontane Treffen der Entscheidung ein bestimmtes Restaurant zu besuchen, ein neuer Gast geworden. Hier werden von dem neuen Gast für gewöhnlich ausführlichere Informationen eingeholt, bspw. Informationen zu einem Theaterbesuch am gleichen Abend oder zur Infrastruktur vor Ort (Kinderspielplatz, Parkplatzsituation, Anreise mit öffentlichen Verkehrsmitteln…). Hierfür werden wiederum Suchmaschinen, Websites von Partnerinnen/Partnern und viele Dienste des Web 2.0 vom Gast als Informationsquellen genutzt. Außerdem werden die Leistungsträgerinnen/Leistungsträger – also Sie – in dieser Phase gerne nochmals per E-Mail, Skype, Twitter und Ähnliches zwecks Detailanfragen oder Reservierungsänderungen (eine Person mehr, eine weniger, Storno,…) kontaktiert (Abb. 2.9).

Auf OSN sind hier wohl besonders Fanseiten Ihres Restaurants geeignete Wege, die neuen Gäste mit Informationen zu versorgen. Grundlage hierfür ist natürlich, dass der Gast die notwendigen Informationen auch findet und dass diese aktuell und ehrlich sind. Im Idealfall stammen die Informationen von anderen Gästen, welche Ihr Restaurant kennen, und andere Gäste beantworten konkrete Anfragen von neuen Gästen aus erster Hand.

- Gästebindungs- & Abwanderungspräventionsmanagement

Die/der Internet-Nutzerin/Nutzer, der/die nun Gast vor Ort ist und Ihr Restaurant besucht, nutzt das Internet zur Kontaktaufnahme mit den zu Hause Gebliebenen und zur Recherche von Detailinformationen. Veranstaltungen, Transportmittel vor Ort, Fahrpläne, Öffnungszeiten und Preise sowie das Abrufen der Reservierungsbestätigung aus dem E-Mail-Dienst sind die in der Regel wichtigsten Informationen. Gleichzeitig teilen die Gäste bereits hier ihre Erfahrungen mit anderen unbekannten Nutzerinnen/Nutzern und persönlich mit ihren Verwandten und Bekannten. Sie veröffentlichen Fotos im Internet oder geben Feedback und Empfehlungen ab.

Der Gast vergleicht ihre Erwartungen an Ihr Restaurant mit dem vor Ort Vorgefundenen und bewertet Sie unmittelbar, manchmal noch vor der Bezahlung der Rechnung, im Internet!

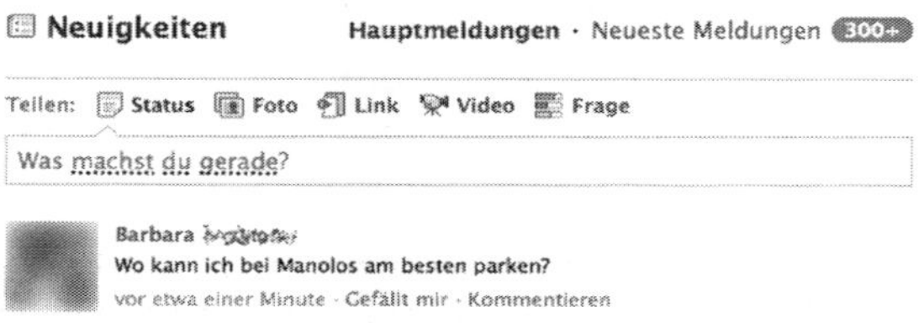

Abb. 2.9 OSN in der Wartephase: Persönliche Frage einer Nutzerin an ihr Netzwerk bezüglich Parktipps

Was das alles mit Gästebindung zu tun hat? In erster Linie binden Sie den Gast mit der Speisen-, Getränke-und Dienstleistungsqualität in Kombination mit einem leistungsgerechten Preis an Ihr Restaurant. In zweiter Linie indem Sie ihn über seine Erwartungen hinaus begeistern UND gleichzeitig mit ihm reden und ihm dabei auch zuhören. Denn nur so wissen Sie, was er sich erwartet und können darauf eingehen! OSN sind Plattformen, auf denen Sie zuhören können, was der Gast denkt und von Ihnen will. Wenn er vor Ort ist sogar sehr unmittelbar und evt. können Sie gleich darauf reagieren. Verhindern Sie so vorzeitig, dass Sie den Gast verlieren.

Die mobile Nutzung des Internets spielt unmittelbar während des Restaurantbesuches eine immer größere Rolle!

- Hr. Fasching vom „Republic" lässt sich von seinen Gästen von Zeit zu Zeit an der Bar zeigen, welche Apps diese verwenden und erfährt so mehr über das mobile Internetverhalten seiner Gäste und die Bewertungen seines Lokals auf den mobilen Plattformen.

Wichtige Dienste sind hier sogenannte standortbezogene Dienste, im Englischen „Location Based Services" (LBS). Diese informieren den Gast mithilfe von GPS-Ortung über seine nähere Umgebung. Dienste wie Qype (Restaurantführer), Foursquare (ortsabhängige Tipps und Bewertungen von allem zu jedem in Verbindung mit seinem persönlichen sozialen Netzwerk), Facebook Places[2] in Verbindung mit Facebook Deals (ähnlich wie Foursquare), TripWolf (Reiseführer), Scotty (Fahrpläne), Google Maps (Landkarten und Navigation) u. v. m. sind kontinuierliche Reisebegleiter Ihres Gastes. Durch die neuerdings auf den Markt gekommenen, kostengünstigen Daten-Roaming-Pakete der Mobilfunkanbieter kann von einer Zunahme der Nutzung auch durch Ihre internationalen Gäste ausgegangen werden.

PRAXISTIPP zu Facebook Places und Facebook Deals:

- Auf den sogenannten Facebook-Places-Seiten kann eine Facebook-Nutzerin/ein Facebook-Nutzer einchecken und damit all ihren/seinen Freundinnen/Freunden mitteilen, wo er sich gerade befindet.
  Da kürzlich auch Facebook-Deals eingeführt wurde, ist davon auszugehen, dass Places eine immer größere Rolle auf Facebook spielen wird. Denn Deals ist eine Zusatzfunktion für Places-Seiten: Geschäfte, wie z. B. Ihr Restaurant, kann über Deals treuen Gästen, die regelmäßig einchecken, spezielle Angebote unterbreiten oder Rabatte gewähren.
  Wie erstellen Sie eine Places-Seite? Zuerst müssen Sie eine Fanseite auf Facebook angelegt haben und danach können Sie Ihren Ort (= Place) beanspruchen. Dafür loggen Sie sich über ein Smartphone in Ihrem Restaurant ein, klicken Sie auf der

[2] Sehen Sie auf www.thomashutter.com/index.php/2010/10/facebook-facebook-places-eine-umfassende-ubersicht/, wie Sie Facebook Places für Ihr Restaurant nutzen können.

Places-Seite auf „Ist das dein Unternehmen?" und anschließend bestätigen Sie, die offizielle Vertreterin/der offizielle Vertreter des Ortes, also Ihres Restaurants, zu sein. Zur Bestätigung ist hierfür eine Firmen-E-Mail-Adresse notwendig, welche den Namen der Fanseite beinhalten muss. Diese muss auch als Kontakt-E-Mail-Adresse für Ihr privates Nutzerinnen-/Nutzerkonto angelegt sein. Im nächsten Schritt können Sie als Inhaberin/Inhaber der Places-Seite bei Facebook beantragen, diese verwalten zu dürfen. Nach Angabe der Firmendaten bekommen Sie in der Regel einige Tage später die Erlaubnis, den Place zu verwalten.
Ab jetzt können alle Informationen eingetragen und das Profilbild angepasst werden. Außerdem wird Ihnen als Administratorin/Administrator nach dem erfolgreichen Beanspruchen der Places-Seite in der linken Spalte (der Places-Seite) die Möglichkeit angeboten, die Places-Seite mit Ihrer Fanseite zusammenzuführen. Nutzen Sie diese Möglichkeit. Profilbild, Informationen, Zusatzreiter und Lieblingsseiten: Ihre Fanseite erscheint nun im neuen Layout der Places-Seite und ist mit einer Kartenfunktion angereichert. Alle Fans werden auf die neue Seite übertragen und sehen diese Änderungen, wenn sie die Seite besuchen.

Nutzen Sie die LBS zur Stammgästepflege, indem Sie bspw. treue „Einloggerinnen"/ „Einlogger" belohnen.

Das sind Nutzerinnen/Nutzer, die sich über ihr Smartphone oft via Facebook Places oder Foursquare bei Ihnen im Lokal anmelden und so anderen Nutzerinnen/Nutzern virtuell mitteilen, dass sie gerade bei Ihnen im Restaurant weilen. Belohnen Sie ihre Stammgäste, die auch in LBS zu Ihnen stehen, mit einem Freigetränk wie dem exklusiven „Facebook Places-Aperitif" oder dem „Foursquare-Cocktail" (Abb. 2.10).

In der Nachkaufphase steht die Weitergabe der eigenen Erlebnisse an andere im Mittelpunkt. Übrigens auch ein bekanntes und wesentliches Motiv für die Restaurantauswahl sowie die Wahl des Restauranttypus an sich, wenn es sich bspw. um Haubenrestaurants handelt.

Der Gast arbeitet nun das Erlebte innerlich auf. Hier sind besonders jene Dienste relevant, die es dem Gast ermöglichen, Bewertungen abzugeben und Inhalte wie Bilder

Abb. 2.10 OSN vor Ort: Facebook Places mit Restaurants und Freundinnen/Freunden in der Nähe

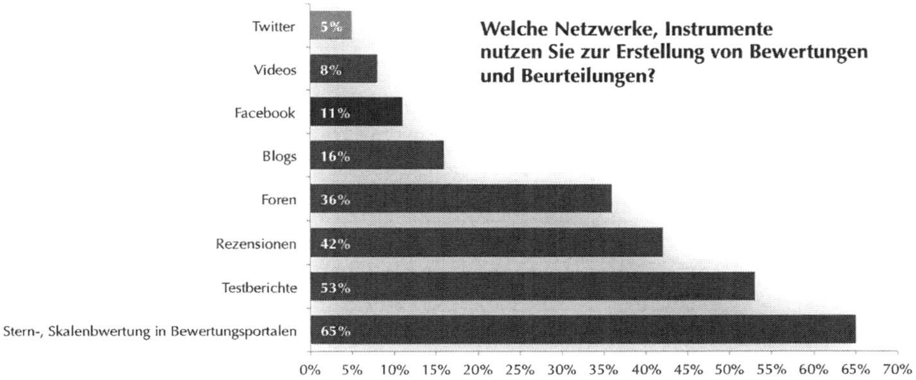

Abb. 2.11 Zum Abgeben von Bewertungen benutzte Netzwerke und Instrumente

oder Videos mit anderen zu teilen. Folgende Instrumente und Netzwerke, an Stelle Nr. 1 Qype und Co., werden hierfür verwendet (Abb. 2.11).

OSN wie Facebook ermöglichen es den Gästen, sich zu vernetzen und ihre Erlebnisse zu teilen. Sei es mit anderen Gästen neuen (im Lokal gemachte) Bekanntschaften oder auch mit Ihnen als Gastgeberin/Gastgeber.

Diese Interaktionen rufen ein Gefühl von Zugehörigkeit hervor. Je mehr Gäste sich an der Community (= Ihre Fanseite) beteiligen und zum gemeinsamen Thema „Essen, Trinken und Feiern bei…" diskutieren, umso interessanter und wertvoller erscheint sie den Mitgliedern, und umso mehr Zeit und Leidenschaft werden Ihre Gäste einbringen. Die Nutzerin/der Nutzer wird der Fanseite und damit Ihrem Restaurant langfristig treu bleiben, sofern aus dieser Interaktion Emotionen wie Anerkennung oder Gemeinschaft resultieren (Abb. 2.12).

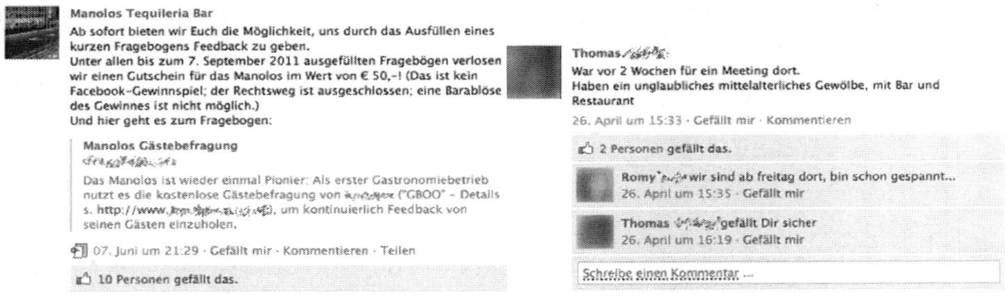

Abb. 2.12 OSN in der Nachkaufphase: Aufforderung zur Gästefragebogenteilnahme auf einer Fanseite und Faneintrag auf einer anderen Fanseite

Die Emotionen müssen vor Ort beim Lokalbesuch, aber auch real stattgefunden haben: Nur so können sie in der virtuellen Welt immer neu entfacht werden. Bilder und Videos sind für Emotionen das Wichtigste! Zusätzlich bietet Ihnen die Vernetzung auf Facebook die Möglichkeit, Gäste zur Abgabe von Bewertungen einzuladen.

Auch die Funktion „Veranstaltungen“ ist hier eine tolle Facebook-Funktion, um Stammgäste zu Events einzuladen und so gleichzeitig zu Werbeträgerinnen/Werbeträgern für neue Gäste und Ihre Veranstaltung zu machen (Abb. 2.13).

Tipp: Auf jeden Fall empfehlenswert ist es die Veranstaltung auf seine eigene und auf fremde Pinnwände zu posten. Suchen Sie sich Gruppen und andere Fanseiten, auf denen sich die Zielgruppe Ihres Restaurants wiederfindet. Fragen Sie den Administrator der fremden Fanseite, ob es erlaubt ist, Ihre Veranstaltung zu posten und tun Sie dies dann auf den Seiten. Achtung: Beginnen Sie nicht zu spammen!

- Beschwerdemanagement

Kommt es trotz Ihres besten Bemühens einmal dazu, dass sich ein Gast beschwert, freuen Sie sich darüber! Sie können viel für die Zukunft lernen, wenn er Ihnen erzählt, was ihn verärgert.

Ein professionelles Beschwerdemanagement umfasst die Stimulierung, die Annahme, die Bearbeitung von Beschwerden und die Reaktion auf diese. OSN und VC können hier, ganz direkt gesagt, nichts beitragen. Versuchen Sie keinesfalls, Beschwerden in diesen öffentlichen Plattformen zu stimulieren oder dort direkt zu beantworten. Dies werden ohnehin Ihre Stammgäste übernehmen. Vor allem, wenn die Beschwerde ein Werturteil

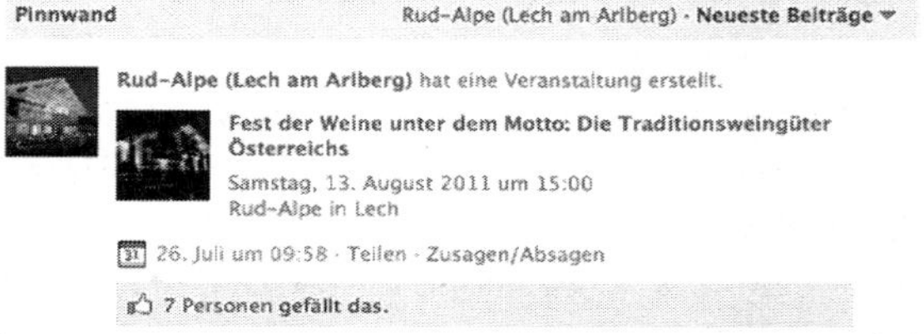

Abb. 2.13 OSN in der Nachkaufphase: Post einer Veranstaltungseinladung auf der eigenen Fanseiten-Pinnwand

sein sollte (z. B. „fades Essen“) und keine Tatsachenbehauptung (z. B. „unrasiertes Servicepersonal“). Denn über Werturteile lässt sich bekanntlich trefflich diskutieren.

Nehmen Sie lieber persönlich (Telefon, persönlich, E-Mail) mit dem Gast Kontakt auf, hören Ihm zu, reagieren auf sein Anliegen direkt und unkompliziert und suchen langfristig eine Lösung des Problems, wenn es sich um ein Tatsachenproblem handelt, damit gleich oder ähnlich gelagerte Beschwerden nicht mehr auftreten können.

DANACH können Sie sich im OSN für die Beschwerde bedanken und anmerken, dass das Problem mittlerweile dank des Gastes behoben ist. Bei Werturteilen hat eine Beschwerde im OSN oder auf der VC auch den Vorteil, dass sie offensichtlich macht, wofür Ihr Restaurant NICHT steht, und so falsche Zielgruppen fern hält. Sind Sie ein Familienrestaurant und haben eine Beschwerde über Kinderlärm von einem kinderlosen Pärchen, wird dies bei Ihrer Zielgruppe keine negativen Auswirkungen haben.

2.3.2.3 Beziehungsauflösungs-, Rückgewinnungsmanagement

Ungebetene Gäste(gruppen) zu bitten, Ihr Lokal nicht mehr zu beehren, ist eine Angelegenheit, die Ihren persönlichen Einsatz fordert. Am besten im direkten Gespräch, sonst am Telefon. Beenden Sie eine Gästebeziehung nicht übers Internet oder per Brief.

Sind Gäste verloren und wollen Sie diese retour haben, gilt es in erster Linie zu verstehen, was die Gäste vertrieben hat. Antwort auf diese Frage gibt es am besten in einem persönlichen Telefonat. Dieser Teilbereich ist kein SMM-Thema. Erheben Sie, wer schon länger nicht mehr kam, obwohl er zuvor des öfteren bei Ihnen weilte und rufen Sie an. Dabei können Sie den Gast auch gleich motivieren wiederzukommen, indem Sie ihm Neuigkeiten und Verbesserungen im Angebot präsentieren. Falls der Gast Ihr Restaurant verärgert verlassen hat, bedarf es auch einer persönlichen Entschuldigung, gepaart mit einem persönlichen Angebot (einmalige Preisreduktion, Zusatzleistungen wie Gratis-Getränke zum Menü,...), das dem Gast den Weg retour ebnet.

Stellt es sich heraus, dass mehrere Gäste aus dem gleichen Grund ausgeblieben sind, beheben Sie den Missstand und senden einen Newsletter, indem Sie auf die Verbesserungen eingehen und koppeln dies mit einem konkreten Angebot.

2.3.3 Definieren Sie Ihre Vorgehensweise zur Zielerreichung!

Das Wissen um die Zielgruppe im Zusammenspiel mit den gesteckten Zielen bildet im dritten Schritt Ihrer SMM-Planung die Grundlage für die Auswahl der geeigneten Vorgehensweise. Es geht um das „Wie will ich meine Ziele erreichen?“.

Wenn es zum Beispiel Ihr Ziel ist, mit SMM die Gästebindung zu unterstützen, dann könnte die geeignete Vorgehensweise sein, die bestehenden Gäste on- und offline zu motivieren, an den von Ihnen in OSN gestalteten Profilen wie etwa auf Ihrer Fanseite auf Facebook (aktiv) teilzunehmen. Ein weiterer Aspekt des „Wie will ich meine Ziele erreichen?“ ist das konkrete Tun in den OSN oder VC selbst. Dies ist – eine - in den letzten Jahren vielfach beantwortete Frage. Am besten nachzulesen im brandneuen Leitfaden „Follow me!“ mit der ISBN 978383621672-2, der sich praxisnah mit der operativen Vorgehensweise in sozialen Netzwerken beschäftigt.

- Das „Indigo" in Salzburg fordert auf den Tablett-Sets jeden Gast auf, Mitglied auf der Restaurant-Fanseite zu werden. So können zielgerichtet bestehende Gäste angesprochen werden.
  Ferner hat das „Indigo" bspw. folgendes an die Wand der WC-Räumlichkeiten gemalt:

10 „Goldene Regeln" wollen wir Ihnen hier mit auf den Weg geben:

1. Respektieren Sie den Geist des Internets!
   Die sozialen Netze sind nicht dazu gemacht, sie als Werbekanal oder zum Produktverkauf zu nutzen, sondern bilden eine Basis für Gespräche unter Menschen. Daher passen auch (Werbe-)Texte, die für Printmedien wie Kataloge geschrieben sind, nicht in soziale Netze. Über info@mmtext.at erhalten Sie bei Bedarf Schulungen zum Thema „Texten im Web". Legen Sie auf Facebook eine Fanseite an, denn diese ist für Unternehmen von der Gemeinschaft vorgesehen. Gruppen (= für gemeinsame Interessen) oder Profile (= für Einzelpersonen) sind dies nicht.
2. Hören Sie zu!
   Lernen Sie, was die Menschen (zum Beispiel über Restaurantbesuche) denken und erzählen, indem Sie deren Profile ansehen und Kommentare lesen. Vor allem zu Beginn sollten Sie viel zuhören und lernen und sich nicht gleich mit Kommentaren und Status-Meldungen in den Vordergrund drängen.
3. Erzeugen Sie Nutzen!
   Fragen Sie sich stets bei jedem Eintrag, Kommentar etc.: Welchen Mehrwert bietet dies – nicht für mich – sondern für die anderen im Netzwerk? Es sollte einen Grund geben, warum viele Ihrer Gäste den „Gefällt mir"-Button drücken. „Starbucks" hat acht Millionen Fans bei Facebook. Denn immer wieder gibt es Aktionen, wie Gutscheine, die den Facebook-Fans einen exklusiven (!) Vorteil bieten.
4. Reagieren Sie schnell!
   Das Internet ist ein Medium, dass keine Zeitverzögerungen erlaubt. Wie auch beim E-Mailen: Reagieren Sie schnell und antworten Sie ehrlich und ohne Zeitverzögerung.

Vor allem: Antworten Sie konkret auf die gestellten Fragen und liefern Sie keine Informationen, die nichts mit den Anforderungen Ihrer Gäste zu tun haben.

5. Beachten Sie die Regel „Geben und Nehmen" des gesellschaftlichen Zusammenlebens!
   Verhalten Sie sich sozial in den sozialen Netzwerken und helfen Sie anderen, indem Sie deren Fragen beantworten etc. Zeigen Sie sich sozial, indem Sie Geschichten erzählen, die nichts mit Ihrer Firma zu tun haben. Seien Sie sozial und erwarten Sie nicht eine Gegenleistung, ohne selbst Leistung für die Gemeinschaft erbracht zu haben.
6. Teilen Sie Wissen von anderen und bieten Sie anderen eine Bühne!
   Posten Sie Links, Neuigkeiten, Interessantes Ihrer Gäste – auch Ihrer Mitbewerberinnen/Mitbewerber und Partnerinnen/Partner in der Destination. Schicken Sie gute Inhalte weiter. Dies gehört auch zur Beachtung der sozialen Regeln im Netzwerk und Sie werden nicht nur von den Gästen, sondern auch von anderen Firmen in der Region gut bewertet werden. Außerdem nutzen Sie so Ihre Partnerinnen/Partner als Multiplikatoren Ihrer Inhalte und Ihres Wissens.
7. Seien Sie ehrlich!
   Verkaufen Sie niemals (!) fremde Inhalte, fremdes Wissen als Ihr eigenes! Und legen Sie keine fremden Identitäten oder anonyme Profile an, um mit Ihren Gästen zu sprechen. „Es muss menscheln".
8. Seien Sie authentisch!
   Wie bereits erwähnt, ist es wichtig, nichts vorzugaukeln, was Sie nicht erfüllen können. Denn dies weckt Erwartungen, die Sie nicht einlösen können. Und diese nicht erfüllten Erwartungen kommen als negative, für alle anderen Netzwerkteilnehmerinnen/Netzwerkteilnehmer einsehbare Rückmeldungen retour.
9. Spammen Sie nicht!
   Behandeln Sie Ihre Zuhörerinnen/Zuhörer, Ihre „Fans" so, wie Sie behandelt werden wollen und seien Sie maßvoll mit Facebook-Status-Updates, Tweets und E-Mails. In der Regel müssen Sie darauf nicht extra achten, wenn Sie nur dann etwas mitteilen, nachdem Sie Sich die Frage gestellt haben, welchen Nutzen es Ihren Gästen wirklich bringt, dieses oder jenes zu sagen. Der „Mohrenwirt" postet daher bspw. keine Mittagsmenüs mehr. Für Gäste, die nicht in unmittelbarer Nähe vor Ort und daher keine typischen Mittagsgäste wie Mitarbeiterinnen/Mitarbeiter von umliegenden Firmen sind, hat dies keinen Wert und ist daher „Spam" und die, die vor Ort sind, können sich diese Information von der Website oder Offline bei Bedarf „abholen" bzw. einen Newsletter an Ihre Firmen-E-Mail-Adresse bestellen.
10. Arbeiten Sie zusammen!
    Fragen Sie Ihre Mitbewerberinnen/Mitbewerber „offline", was diese schon erfolglos probiert haben und begehen den gleichen Fehler nicht nochmals. So schonen Sie eigene Nerven und die Nerven Ihrer „Fans".

Doch bevor Sie nun munter beginnen, in den sozialen Netzen mitzulesen und mitzureden, sollten interne Richtlinien für die Mitarbeiterinnen/Mitarbeiter Ihres Restaurants bezüglich deren Verhalten in den sozialen Netzen aufgestellt werden. Neben Ihnen und

Ihren Gästen sind es die Mitarbeiterinnen/Mitarbeiter, die wesentlich zum Ansehen Ihres Restaurants im weltweiten Netz beitragen. In den Richtlinien sind u. a. Antworten auf die folgenden Fragen zu klären:

▶ Mitarbeiter der „Manolos Tequillería Bar" haben klare Regelungen WER (Barchef, spanisch sprechende Geschäftsführerin, Barkeeper, Küchenchef, Marketingleiter) WAS (Veranstaltungen erstellen, Kommentare beobachten, Kommentare kommentieren, Beschwerden bearbeiten, die Fanseite on- und offline bewerben, Bilder hochladen u. v. m.) WANN (es gibt hierfür jeden Monat einen eigenen Facebook-Marketingplan) auf Facebook zu erledigen hat.

- Wie kann vermieden werden, dass Mitarbeiterinnen/Mitarbeiter durch ihr Handeln in den sozialen Netzwerken das Ansehen des Restaurants indirekt schädigen?
- Wie kann erreicht werden, dass keine Betriebsinterna über die sozialen Medien nach außen getragen werden?
- Wie kann verhindert werden, dass Mitarbeiterinnen/Mitarbeiter Ihren „Frust" über das eigene Restaurant oder über die Gäste per soziale Netze nach außen tragen?

Letztendlich können Sie durch die Richtlinien zwar kontrollieren, was Ihre Mitarbeiterinnen/Mitarbeiter während der Arbeitszeit auf Blogs, Twitter und Facebook nach außen tragen, aber nicht, was sie in ihrer Freizeit tun. Einen guten Leitfaden für Mitarbeiterinnen/Mitarbeiter hat „Wien Tourismus" erstellt. Dieser kann zur Ansicht via b2b.wien.info/media/files-b2b/social-media-guidelines.pdf aus dem Internet geladen werden. Tipps und Anregungen für Ihre Social-Media-Richtlinien bietet Ihnen der Leitfaden der WKO, herunterzuladen via: www.telefit.at/web20/wko-socialmedia-guidelines.pdf.

Sehr schnell ergeben sich im Umgang mit den sozialen Netzwerken rechtliche Fragen, wie etwa: Darf ich Schnappschüsse, die ich von meinen Gästen beim Lokalbesuch gemacht habe, einfach auf meine Facebook-Fanseite einstellen? Die Antwort: Nur mit Erlaubnis der Gäste, wenn deren Gesichter am Bild klar erkennbar, aber die Blicke nicht unmittelbar in die Kamera gerichtet sind. Ohne Erlaubnis, wenn es sich um Aufnahmen aus großer Entfernung handelt, bei der einzelne Gäste nicht identifizierbar sind. Oder wenn die Personen aktiv in die Kamera blicken und davon ausgegangen werden kann, dass ihnen bewusst ist, dass das Foto verwendet wird. Dennoch: Zur Sicherheit fragen! In rechtlichen Fragen erhalten Sie kompetente Beratung beim Fachverband „Gastronomie" der WKO unter gastronomie@wko.at.

Das Handwerkszeug für Facebook (eine Fanseite anlegen, die Statistiken bedienen, Veranstaltungen anlegen, ein Gewinnspiel einrichten, usw.) lernen Sie am besten online auf www.facebookmarketing.de oder auf www.thomashutter.com. Eine gute Anleitung für den Einsatz des Like-Buttons liefert die ÖW unter to.austria.info/fblike. Das Handwerkszeug für Twitter (twittern, retweeten, Twitter-Umfragen erstellen, usw.) lernen Sie am besten online auf business.twitter.com/oder hier dirk-baranek.de/internet/twitter-fur-anfanger-so-kann-es-losgehen/. In der Videoanleitung www.youtube.com/watch? v=JgYgPI_-rfM lernen Sie, wie Sie zu mehr Followern kommen. Eine exzellente Online-Schulung mit Schulungsvideos in englischer Sprache für Facebook und Twitter ist auf www.lynda.com/Facebook-tutorials/social-media-marketing-with-and-twitter/47759-2.html kostenpflichtig verfügbar.

Video-Praxisbeispiel

Versuchen Sie im Video auch Emotionen zu transportieren und Gespräche mit dem Gast anzuregen wie in dem Beispiels-Video „Alm statt Alltag" sehr gut umgesetzt wurde: www.youtube.com/watch?v=GcEjERsHqLg.

2.3.4 Wählen Sie, die für Sie geeigneten Social-Software-Anwendungen aus!

Zielgruppen, Ziele und Vorgehensweisen sind in Ihrer SMM-Planung festgehalten. Im letzten Schritt der SMM-Planung geht es für Sie um die Frage: „Wo mitmachen?".

Hier steht eine Unzahl an Social-Software zur Verfügung. Wir haben diesen Leitfaden stark an Facebook als Beispiel orientiert, da es als Universalgenie gilt und eine hohe Marktdurchdringung hat. Doch Vorsicht: Es kann für Ihre Zielgruppe und Ziele geeignetere Nischenanwendungen geben. Wir wagen mit Ihnen einen ersten Versuch der Einteilung. Es gibt…

- Multi-Media-Plattformen: Die wichtigsten sind hier flickr.com oder panoramio.com für Fotos und youtube.com oder vimeo.de für Videos. YouTube ist mittlerweile nach Google die zweitwichtigste Suchmaschine weltweit!
- Blogs und Micro-Blogs: Textlastige Veröffentlichung von Inhalten zu den Themen der Blogbetreiberinnen/Blogbetreibern. Blogportale sind blogspot.com oder twitter.com für Micro-Blogs. Z. B. www.eat-the-world.com/blog/
- Geschäftsnetzwerke: Auf xing.com oder linkedIn.com treffen sich Geschäftsleute.
- Netzwerke zu gemeinsamen privaten Interessen: Es gibt unzählige Plattformen für bspw. Seglerinnen/Segler (yachtico.com), Autoliebhaberinnen/Autoliebhaber (clubgti.com), Bücherbegeisterte (vorablesen.de), Katzenbesitzerinnen/Katzenbesitzer (mietzmietz.de), Spielbegeisterte (playfisch.com) und zu jedem anderen nur erdenklichen Thema wie etwa dem Salsa-Tanzen (salsa.at).
- Netzwerke rund um Veranstaltungen: z. B. szene1.at oder upcoming.yahoo.com.
- Netzwerke für bestimmte Lebensphasen: Mütter (mamacommunity.de), Familien, Alleinerzieherinnen/Alleinerzieher (allein-erziehende.at), Ältere (50plus-treff.de), Partnersuche (friendscout24.de) u. v. m.
- Geschlechterspezifische Netzwerke: z. B. gofemin.de oder meanshealth.de.
- Ortsbasierte Netzwerke: Das Ziel von bspw. Google Places, Foursquare, Gowalla oder Facebook Places, ist, dass sich Menschen untereinander leichter finden und/oder Orte mit virtuellen Informationen versehen können. Zum Beispiel können Bewertungen Ihres Restaurants während des Essens am Mobiltelefon abgeben werden oder es kann nachgesehen werden, ob Freundinnen/Freunde kürzlich hier waren.

Eine umfassendere Anzahl von Social-Software-Anwendungen am deutschsprachigen Markt zeigt die via www.ethority.de/weblog/2010/04/15/we-proudly-present-das-social-media-prism-version-2-0 herunterladbare Abbildung im Internet.

2.3.5 Messen Sie den Grad der Zielerreichung!

Von alleine sind die Ziele im SMM nicht zu erreichen. Auch hier gilt: „Ohne Ressourcen kein Erfolg“ oder lapidar „Ohne Moos nix los“!

Die Social-Software stellt eine große Herausforderung für die Messung der Zielerreichung dar. Es gilt nicht mehr bloß, Aktivitäten (Klicks, Umwandlungsraten, Verkaufszahlen, Verweise von anderen Websites etc.) im Internet zu zählen, sondern auch Inhalte und deren Wirkungen für Ihr Geschäft zu bewerten.

Es gibt zwar diverse technische Werkzeuge,[3] die helfen Blogs, Foren, Twitter etc. nach Stichworten zu durchsuchen, doch sind diese zur Zeit nicht in der Lage, die Inhalte für

[3] www.abnormalmarketing.com/2011/04/14-top-tracking-tools-for-your-social-media-stats/ stellt die bekanntesten Werkzeuge vor.

Sie zu interpretieren. Die Fragen: „Ist das Analysierte gut für uns oder ist es schlecht?" und „Wenn es gut ist, wie können wir es unterstützen, und wenn es schlecht ist, wie können wir es beeinflussen?" beantworten diese Werkzeuge nicht. Die Aufgabe der Wertung liegt letztendlich bei Ihnen.

> Klassische Werbemaßnahmen für ein Produkt oder Ihr OSN-Profil können in OSN in harten Zahlen gemessen werden:
> Bspw. ist es Ihr Ziel +500 Fans durch ein Offline-Gewinnspiel auf Ihre Fanseite zu bekommen.
> Oder: Es ist Ihr Ziel 400 Videoabrufe aus Deutschland für Ihr Video, indem Sie charmant und mit einer lustigen Geschichte Ihre neue Wellnessanlage vorstellen, auf YouTube zu erreichen.
> Oder Sie wollen die Personen, die über Facebook auf Ihre Hotelwebsite gelangen und danach dort ein Zimmer buchen um 20 % erhöhen.

Auch wenn Sie die Anzahl der Fanseiten-Mitglieder, der Seitenaufrufe oder der hinterlassenen Kommentare wissen, bringt Sie dies nicht wesentlich weiter, denn was sagen diese Werte über das Ziel, Gäste zu binden, oder das Ziel, Social-Software zur Unterstützung des Empfehlungsmarketings einzusetzen, aus?

So nebenbei: Natürlich können es nie genügend Fans sein! Die Daten zu Alter, Geschlecht und Herkunft der erreichten Zielgruppe sind auf Facebook sehr beachtenswert: Testen Sie bitte, ob Ihre „Fans" auch der Zielgruppe Ihres Restaurants entsprechen.

Das beste Instrument, nach der Wirkung Ihrer Social-Software-Aktivitäten zu fragen, ist nicht sehr neuartig, aber nicht weniger wirkungsvoll: Der gute alte Gästefragebogen! Positiver Nebeneffekt: Sie machen mit Hilfe des Gästefragebogens Ihre Gäste darauf aufmerksam, wo sie Ihr Restaurant im Internet weiterempfehlen könnten.

Neben dem Gästefragebogen sind auf Ihrer Facebook-Fanseite selbst folgende Werte entscheidend, wenn es darum geht zu „messen", wie erfolgreich Ihr Engagement ist. Messen Sie zum einen die Veränderungen dieser Werte pro Zeitperiode und zum anderen vergleichen Sie diese Werte mit denen Ihrer besten Mitbewerberin/Ihres besten Mitbewerbers:

- Entsprechen die Fans meinen Zielgruppen (Interessen, Soziodemographie)?
- Wie lang sind die Beiträge und Kommentare der Fans?
- Werden kritische Anmerkungen, sofern vorhanden, auch von anderen Fans entschärft oder ist die Antwort auf diese Kommentare immer nur mir vorbehalten?
- Werden Bilder oder Videos von meinen Fans hochgeladen?
- Welche Reichweite haben meine Fans (= Summe der Anzahl aller Freundinnen/ Freunde all meiner Fans)?

Hier einige Fragen für Ihren Gästefragebogen, die Ihnen helfen, Ihr SMM zu bewerten und zu verbessern (Tab. 2.9):

Tab. 2.9 Mögliche Fragestellungen zur Evaluation der SMM-Aktivitäten

Frageaspekte	Fragen	Antwortmöglichkeiten
Die Fragen nach der Basis eines erfolgreichen SMM, der **Gästezufriedenheit**, sollte in Ihrem Gästefragebogen nicht fehlen	Wenn Sie alle Produkte und Dienstleistungen berücksichtigen, die Sie von uns erhalten, wie zufrieden sind Sie dann insgesamt?	1 = sehr zufrieden, 2 = zufrieden, 3 = teils teils, 4 = weniger zufrieden, 5 = nicht zufrieden
	Bei Antwort 3, 4 oder 5 nachfragen: Was dürfen wir für Sie verbessern, damit Sie (sehr) zufrieden werden?	Offene Antwort
Die Fragen nach der **Weiterempfehlungsbereitschaft** (SMM = Empfehlungsmarketing!)	Werden Sie unser Restaurant weiterempfehlen?	1 = sicherlich, 2 = wahrscheinlich, 3 = wahrscheinlich nicht, 4 = sicherlich nicht
	Bei Antwort 1 oder 2 nachfragen: Wie werden Sie uns weiterempfehlen?	1 = Persönlich bei Gesprächen, 2 = Via E-Mail, 3 = In Facebook, 4 = In einem anderen sozialen Onlinenetzwerk und zwar…, 5 = Durch eine positive Bewertung bei Qype, 6 = Auf einer anderen Bewertungsplattform und zwar…, 7 = Sonstiges und zwar…
	Bei Antwort 3 oder 4: Warum nicht?	Offene Antwort
Die Frage nach der **Wiederkommensabsicht** (Ziel aller Gästebindungsmaßnahmen wie auch SMM)	Werden Sie unser Restaurant wieder besuchen?	1 = ja, 2 = nein

(Fortsetzung)

Tab. 2.9 (Fortsetzung)

Frageaspekte	Fragen	Antwortmöglichkeiten
Detailfragen zur Verbesserung Ihres **Facebook**-Engagements:	Kennen Sie unsere Facebook-Fanseite?	1 = ja, 2 = nein
	Sind Sie Fan auf unserer Fanseite?	1 = ja, 2 = nein
	Wenn Antwort 2: Warum nicht?	Offene Antwort
	Wie oft besuchen Sie in etwa unsere Fanseite?	1 = täglich, 2 = wöchentlich, 3 = monatlich, 4 = seltener, 5 = nie
	Welche Inhalte sind Ihnen auf unserer Fanseite wichtig? (Bitte kreuzen Sie die 4 wichtigsten an)	1 = Angaben zum Speisenangebot & Tipps und Tricks vom Küchenchef, 2 = Angaben zur Ausstattung, Lage & Öffnungszeiten des Restaurants, 3 = Beschreibungen von Sehenswürdigkeiten in der Umgebung, 4 = Informationen zu in der Umgebung oder bei uns stattfindenden Veranstaltungen, 5 = Texte anderer Fans, 6 = Bilder oder Videos anderer Fans, 7 = Die Möglichkeit, sich mit anderen Fans auszutauschen, 8 = Die Möglichkeit, selbst Inhalte hinzuzufügen, 9 = Die Möglichkeit, mit uns in Kontakt zu treten, 10 = Eine Reservierungsmöglichkeit, 11 = Die Möglichkeit, durch Facebook-Newsletter über aktuelle Angebote informiert zu werden, 12 = Gewinnspiele, 13 = Texte, Bilder, Videos, die wir selbst bereitstellen.
Testen Sie, ob die geeigneten **Social-Software-Anwendungen** bei Ihrer SMM-Planung ausgewählt sind:	Welche der angeführten Online-Dienste nutzen Sie?	Alle Netzwerke, die für Ihre Zielgruppe relevant sind (vgl. Abschn. 3.3.4), abfragen und die Gäste ankreuzen lassen: 1 = Verwende ich, 2 = Kenne ich, verwende es aber nicht, 3 = Kenne ich nicht

2.3.6 Checkliste: Wie Sie die geeignete Social-Media-Marketing-Agentur finden

Nicht jeder, der selbst einen Twitter-Account hat, ist gleich ein kompetenter Berater! Wir zeigen Ihnen, worauf Sie bei der Auswahl Ihrer Agentur achten sollten (Tab. 2.10):

Tab. 2.10 Checkliste „Die kompetente Social-Media-Internet-Agentur“

Kriterium	+	−
Online-Auftritt	Authentischer Auftritt und echte Online-Interaktion (Skype-Button, Gefällt mir-Button, Oftmals kommentierter Blog, usw.)	Agentur hat keinen Internetauftritt oder Internetauftritt ohne Web 2.0-Integration
Reaktionen auf bestehende Social-Media-Marketing Aktionen in Branchenblogs	Agentur antwortet auf Marketingaktionen mit gutem Echo in Foren, Blogs etc. Werden die Reaktionen positiv von anderen Agenturen kommentiert?	Kein Echo oder negatives Echo mit negativen Reaktionen
Strategie	Entwickelt eine maßgeschneiderte Vorgehensweise Schritt für Schritt – wie in diesem Leitfaden gezeigt	Kommt mit fertigem Konzept von der Stange
Versprechen	Warnt vor Risiken und zeigt die Herausforderungen, aber auch die Möglichkeiten auf. Die Ziele sind realistisch wie bspw. langfristige Gästebindung oder Beitrag zur Suchmaschinenoptimierung	Verspricht schnelle Erfolge wie Umsatzsteigerungen etc.
Leistungen	Sieht sich als externer Berater und schult interne Mitarbeiterinnen/Mitarbeiter	Versucht möglichst viele Leistungen zu verkaufen und auch interne Aufgaben (Wartung etc.) zu übernehmen
Transparenz	Lässt sich in die Karten schauen und schult Sie, wie Sie die Agentur mit Erfolgskennzahlen überprüfen können	Liefert keine nachvollziehbaren und transparenten Erfolgsmesskriterien oder für SMM weniger relevante wie Anzahl der Fans etc.

Social-Media-Marketing-Leitfaden für die Hotellerie

3

Auf den nächsten Seiten wird der entwickelte Leitfaden für die Hotellerie dargestellt. Dieser wurde auch als Hochglanzbroschüre im DIN A4-Format gesondert vom Bundesministerium publiziert. Gerne kann der Leitfaden vom Leser jederzeit via E-Mail unter: tourismus@fh-salzburg.ac.at als .pdf-file angefordert werden.

Der Leitfaden ist an den Praktiker adressiert. Es erfolgt also eine entsprechende zielgruppenspezifische Adaption der Ansprache, des Sprachstils, des Layouts sowie der wiss. Referenzierungen.

3.1 Einleitung

> Der Zweck und das Ziel eines Unternehmens ist es, einen Kunden zu erschaffen.
> (Peter Drucker, österreichisch-amerikanischer Philosoph und Ökonom)

Wie können Sie Ihr Hotel zu einem erfolgreichen Unternehmen machen?

Wie Sie als Hotelier bestimmt aus Ihrer eigenen Erfahrung wissen, ist jedes moderne Hotel-Unternehmen so geleitet, dass sich die Unternehmensziele letzten Endes quasi wie von Geisterhand erfüllen, indem die Wünsche der Gäste möglichst optimal befriedigt werden. Unternehmenserfolg ist in diesem Sinne eine Folgeerscheinung der bestmöglichen Bedürfnisbefriedigung bei den Gästen! Um dies zu erreichen, hat sich das Marketing als DAS wirkungsvollste Instrument im Unternehmensalltag herausgestellt!

T. Hinterholzer, *Facebook, Twitter und Co. in Hotellerie und Gastronomie*,
DOI: 10.1007/978-3-642-37954-3_3, © Springer-Verlag Berlin Heidelberg 2013

3.1.1 Ihr Hotel-Online-Marketing-Werkzeugkasten

Praxisbeispiel

Das „Arthotel Blaue Gans“ liefert auf Facebook hochqualitative Infos zum Thema Kultur. Denn die Hotelgäste der Blauen Gans sind kulturinteressierte Menschen und diese bewegen sich auch in Facebook. Bei der Wahl der Werkzeuge und der in den Vordergrund gestellten Informationen richtet sich Hotelier Andreas Gfrerer also nach der strategischen Ausrichtung. Er verkauft sein Hotel nicht über den Preis, sondern über das Thema „Kultur“ und stellt daher in Facebook auch keine Preisinformationen bzw. „Angebote“ dar.

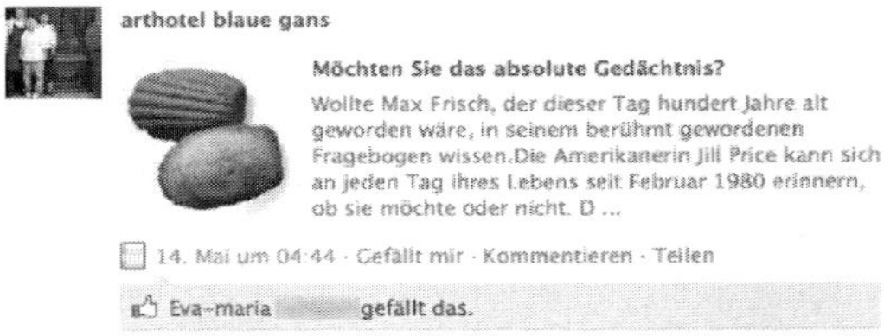

Im folgenden Abschnitt erfahren Sie, welche Werkzeuge Sie für ein erfolgreiches Marketing benötigen. Das operative Marketing kennt viele Werkzeuge: z. B. die Beziehung und Verständigung mit den Gästen, den Mitarbeiterinnen/Mitarbeitern oder den Lieferantinnen/Lieferanten oder den für Ihre Produkte verlangten Preise. Die Auswahl der Vertriebswege, die Ausgestaltung des Hotels und die Qualität der angebotenen Leistungen bzw. das Auftreten der Mitarbeiterinnen/Mitarbeiter gegenüber den Gästen. Bevor jedoch die operativen Werkzeuge eingesetzt werden, wird in der Regel am grünen Tisch und in Gesprächen geklärt, wie die Wünsche der Gäste aussehen und wie die grundsätzliche Ausrichtung des Hotels sein soll – um eben den Bedürfnissen der Gäste zu entsprechen. Eine Strategie wird entwickelt. Hierbei werden zusätzlich die politischen, wirtschaftlichen, gesellschaftlichen oder ökologischen Einflüsse sowie natürlich auch die Ausrichtung der Konkurrenz oder Ihre persönlichen Stärken als Unternehmerin/Unternehmer mitberücksichtigt.

Dieser Leitfaden beschäftigt sich nun mit dem operativen Handeln. Er gibt Ihnen die Möglichkeit zu testen, wie professionell Sie bereits jetzt mit den Werkzeugen des Online-Marketings umgehen, also den Marketingaufgaben, die Sie im Internet erledigen können.

Hierfür haben wir für Sie, die in der Hotellerie wichtigsten Werkzeuge zusammengestellt. Und Sie erfahren, wie Sie mit dem aktuellsten Werkzeug des Online-Marketings, dem sogenannten Social-Media-Marketing, wie z. B. Facebook, den Unternehmenserfolg Ihres Hotels darüber hinaus unterstützen können!

Auf den folgenden Seiten erhalten Sie Antwort auf die Frage: „Wie kann mein Betrieb, ausgehend von einer profunden Online-Marketing-Basis, vom stetigen Wachstum bei den Nutzerzahlen im Social Web profitieren?“ Der Einsatz aller Marketing-Werkzeuge sollte dabei aber immer im Einklang mit der grundsätzlichen Ausrichtung Ihres Hotels – der

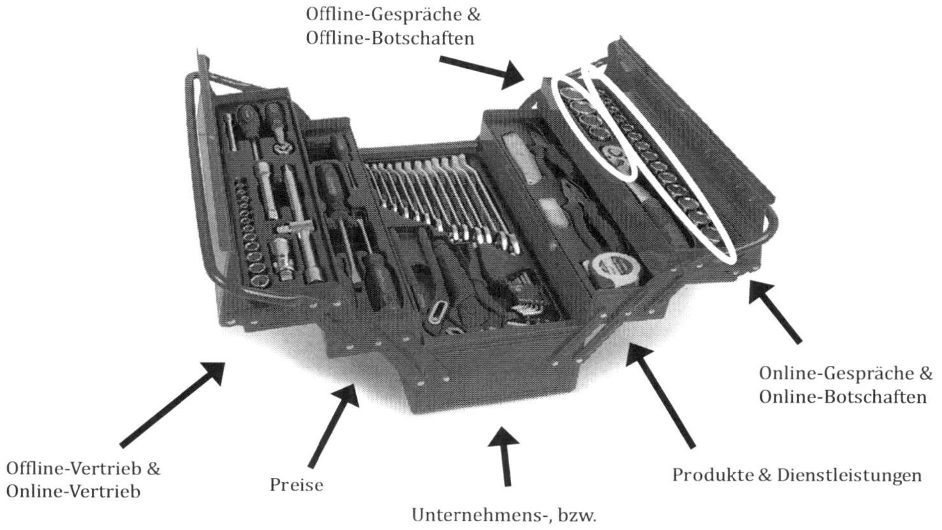

Abb. 3.1 Ihr Marketing-Werkzeugkasten

Strategie – stehen, wie das Praxisbeispiel auf der vorhergehenden Seite zeigt. Ihr Marketing-Werkzeugkasten könnte daher wie in Abb. 3.1 aussehen.

Betrachten wir nun Ihren Werkzeugkasten im Bereich Online-Gespräche, Online-Botschaften und Online-Vertrieb genauer, so finden sich dort die Bestandteile aus Tab. 3.1.

3.1.2 Ihre Online-Marketing-Erfolgspyramide

> Es ist wichtiger, das Richtige zu tun, als etwas richtig zu tun.
> (Peter Drucker, österreichisch amerikanischer Philosoph und Ökonom)

Basierend auf zahlreichen Untersuchungen haben wir nun für Sie – die in der Hotellerie nachweislich wirkungsvollsten Bestandteile – aus dem Online-Marketing-Werkzeugkasten ausgewählt. Daraus ergibt sich die Online-Marketing-Erfolgspyramide (Abb. 3.2).

Die Online-Marketing-Erfolgspyramide besteht aus sechs aufeinander aufbauenden Stufen, die Sie in sechs Schritten zum Erfolg im Online-Marketing führen. Hier sehen Sie auf einen Blick, was das Richtige für Ihren Betrieb ist! Doch auch dafür, wie Sie das Richtige nun richtig tun, haben wir etwas vorbereitet, denn der Leitfaden liefert Ihnen nun Folgendes:

In den ersten fünf Schritten können Sie testen, inwieweit Sie die Hausaufgaben im Online-Marketing schon professionell erledigt haben und wie das Social-Media-Marketing mit diesen Basisschritten bereits verwoben ist.

Tab. 3.1 Ausgewählte Teilbereiche des Online-Marketing

Bestandteile Online-Marketing-Werkzeugkasten:		Im Offline-Marketing vergleichbar mit…
Banner-Werbung		klassischer Plakatwerbung;
E-Mail-, auch Newsletter- bzw. Permission-Marketing		dem Direktmarketing, also bspw. Postwurfsendungen;
Konversions-Marketing, auch Post-Click-Marketing		dem Erhalt von Gästeadressen als Reaktion auf ein Preisausschreiben oder einen Katalogversand;
Affiliate-Marketing		Außendienstmitarbeiterinnen/Außendienstmitarbeiter, die gratis für Ihr Produkt werben und nur bei Vertragsabschluss Provision kassieren;
Suchmaschinen-Marketing (SEM) mit den Teilbereichen…	Suchmaschinenoptimierung (SEO) und	dem Installieren einer Außenwerbung am Hotel und Wegweisern zum Hotel, um gefunden zu werden;
	Sponsorenlinks (AdWords)	Inseratschaltungen in Reiseführern;
Social-Media-Marketing (SMM)		integrierter Marketingkommunikation, denn – bspw. Facebook – ermöglicht es, Bestandteile des Werkzeugkastens in einer Anwendung zu vereinen;
Online-Video-Werbung		klassischen Fernsehspots;
Virales Marketing		dem Empfehlungsmarketing, wobei die Verbreitung beim Empfehlungsmarketing vom Gast ausgeht, bei Viralem Marketing aber meist von der/dem Anbieterin/Anbieter selbst ausgelöst und beeinflusst wird;
Co-Registrierung		einem Teilbereich des Direktmarketings, nämlich der Produktwerbung bei bereits bestehender Gästedialoge. Bspw. werben Sie für ein Wellness-Package auf Ihren Hotelrechnungen;
Indirekte (bspw. über Plattformen wie hrs.de) und direkte (bspw. über den eigenen Internetauftritt) Online-Sales		dem Verkauf über Zwischenhändlerinnen/Zwischenhändler (Reiseveranstalterinnen/R eiseveranstalter, Reisemittlerinnen/Reisemit tler,…) oder an den eigenen Verkaufsstellen (Rezeption, Telefonverkauf,…);
Online-P(ublic)R(elations)		der Öffentlichkeitsarbeit;

Erfahren Sie außerdem, warum das Produkt, also Ihr Haus, Ihre/Ihr Mitarbeiterinnen/Mitarbeiter, die Qualität all Ihrer angebotenen Leistungen etc. die Grundvoraussetzungen dafür sind, dass im sechsten Schritt das Werkzeug des Social-Media-Marketings funktioniert.

Im sechsten Schritt lernen Sie nach und nach das Social-Media-Marketing von der Zielfestlegung bis zur Messung der Zielerreichung selbständig zu planen. Lesen Sie, für

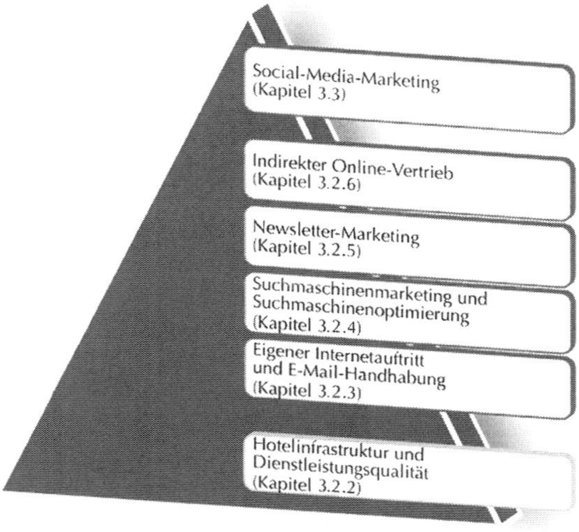

Abb. 3.2 Die Online-Marketing-Erfolgspyramide = Der Aufbau des vorliegenden Leitfadens

welche Ziele Social-Media-Marketing besonders geeignet ist, wie Ihre Gäste Facebook, Twitter & Co. nutzen können und holen Sie sich Anregungen für das konkrete Tun durch die vorgestellten Praxisbeispiele und Verweise.

Da es bereits viele Anleitungen zu unterschiedlichen Schwerpunkten gibt, dient der Leitfaden auch als Wegweiser durch den Leitfaden-Dschungel. Wir informieren Sie darüber, welcher Leitfaden sich für welches Thema am besten eignet, damit Sie wissen, wie Sie konkret vorgehen sollen und wie bereits Peter Drucker sagt „das Richtige auch richtig tun!"

3.2 Die ersten 5 Schritte zum Erfolg in Ihrer Online-Marketing-Erfolgspyramide

3.2.1 Zielfestlegungen sind der Schlüssel zu Ihrem Erfolg

„Der Weg ist das Ziel" gilt vielleicht im Urlaub als Motto, nicht jedoch im Geschäftsleben! Um Ihren Erfolg messen zu können, gilt es zuallererst messbare Ziele zu definieren. Sie brauchen also sogenannte Erfolgskennzahlen. Erfolgskennzahlen sind der Schlüssel zu Ihrem Erfolg!

Erst danach kann die Messung der Zielerreichung stattfinden. Und schlussendlich können Sie Maßnahmen aus diesen Messungen ableiten, um die gesteckten realistischen Ziele erreichen zu können.

▶ Es gibt zahlreiche Online-Benchmarkingsysteme, die die Werte Ihrer Erfolgskennzahlen mit denen von Mitbewerberinnen/Mitbewerbern anonym vergleichen!
Etwa: www.checkeffekt.at

Reden Sie auch mit Ihren Branchenkolleginnen/Branchenkollegen, welche Erfolgskennzahlen diese im Online-Marketing anpeilen, um selbst noch realistischere Ziele für sich formulieren zu können.

ACHTUNG: Das Zählen der reinen Klicks auf der eigenen Website, der Fans auf Facebook oder der Follower bei Twitter sagt NICHTS darüber aus, wie viele Gäste wirklich gewonnen bzw. gebunden werden! Doch gerade darum geht es schließlich bei allen Marketingbemühungen.

Die wichtigsten Erfolgskennzahlen im Hotel-Online-Marketing sind:

- Anzahl der kostenlosen Zugriffe von Suchmaschinen: Hier messen Sie die Wirkung der Suchmaschinenoptimierung Ihrer Website. Je mehr Gäste auf Ihre Website finden, desto mehr Umsatz wird am Ende herauskommen. Wenn dann zusätzlich noch die Umwandlungsrate stimmt… Diese misst nämlich, wie wirkungsvoll Ihre Website aus Internetnutzern Gäste Ihres Hotels macht.
- Verhältnis zwischen den Buchungen über die Hotelwebsite und den Besucherinnen/Besuchern auf der Website: Dies ist die Umwandlungsrate, die im Englischen als „Conversion Rate" bezeichnet wird. Je mehr Buchungen oder Anfragen Sie im Verhältnis zu den Websitebesucherinnen/Websitebesuchern erzielen, desto besser funktioniert Ihre Website. Messen Sie die Umwandlungsrate auch getrennt für jede auf Ihre Website verweisende Website (also pro sogenanntem „Referrer". Das ist der Fachbegriff für diese Webseiten, die wiederum auf Ihre Webseiten verweisen). Üblich sind hier Wirkungsgrade von 7 Buchungen pro 100 Besucherinnen/Besuchern (7 %), die direkt auf die Website gekommen sind oder 5 Buchungen pro 100 Besucherinnen/Besuchern (5 %), die über einen ausgesandten Newsletter kommen. Oder 1 Buchung pro 200 Besucherinnen/Besuchern (0,5 %), die via Facebook auf Ihre Website gelangen.
- Verkäufe in Nächtigungen und Euro pro Online-Kanal: Hier ermitteln Sie den Umsatz (= Nächtigungen × Zimmerpreis), den jede einzelne Online-Marketing-Maßnahme eingebracht hat, also z. B. was trägt die Seite hrs.de zum Umsatzvolumen bei, was der eigene Internetauftritt, was die E-Mail-Anfragen etc.
- Kosten pro Online-Buchung in Euro pro Online-Kanal: Hier ermitteln Sie die Kosten Ihrer Online-Marketing-Aktionen. Machen Sie dies am besten pro Online-

Marketing-Maßnahme. Berechnen Sie neben den direkten Kosten wie etwa Provisionszahlungen auch den Zeitaufwand × Personalkosten für jeden Online-Kanal mit ein.

Wenn Sie diese Ziele formuliert haben, können diese auch dazu dienen, dass Sie die Leistung Ihrer Internet-Marketing-Agentur testen und bewerten können. Vergeben Sie keinen Agentur-Auftrag ohne messbare Ziele!

3.2.2 Schritt 1: Das gästegerechte Hotelprodukt an erster Stelle. Nur so funktioniert Empfehlungsmarketing!

Obwohl Ihr Hotelprodukt an sich nicht unmittelbar etwas mit dem Online-Marketing zu tun hat, soll hier dennoch erwähnt werden, dass es das Fundament für ein funktionierendes Online-Marketing ist!

Warum? Es gibt zwei Möglichkeiten neue Gäste für Ihren Betrieb zu gewinnen: Die von Ihnen in Auftrag gegebene Werbung und die positiven Hotelempfehlungen Ihrer Gäste. Das sogenannte Empfehlungsmarketing ist aber im Tourismus das weitaus wichtigere und kostengünstigere Werkzeug!

Untersuchungen zufolge sind Empfehlungen von Freundinnen/Freunden für 57 % der Gäste wichtig und für 29 % das Allerwichtigste, wenn es darum geht etwas Neues im Urlaub auszuprobieren. Im Vergleich dazu sind Reisekataloge mit 14 % bzw. 5 % weitaus weniger wirkungsvolle Mittel.

▶ Versuchen Sie die Erwartungen Ihrer Gäste jedoch nicht allzu oft überzuerfüllen. Ihr Gast gewöhnt sich rasch daran, erwartet es ab dann immer und Sie können ihn nur mehr schwerlich begeistern.

Wie funktioniert nun Empfehlungsmarketing? Gäste empfehlen Ihr Hotel immer dann POSITIV weiter und verkaufen somit Ihre Zimmer, wenn Sie deren Wünsche befriedigt haben! Also wenn Ihr Haus, die Mitarbeiterfreundlichkeit und die Zusatzleistungen (wie z. B. ein kostenloser Internetzugang!) vom Gast als positiv empfunden worden sind. Social-Media-Marketing mit Facebook, Twitter & Co. funktioniert lt. Untersuchungen übrigens in denjenigen Hotels am erfolgreichsten, in denen die Hoteliers mit den Gästen während des Aufenthalts eine gute persönliche Beziehung aufbauen können.

Nicht immer ist „das Beste" im Hotel gefragt, denn Ihre Gäste schätzen sehr wohl auch ab, was sie für Ihr Hotel bezahlt haben und sind bei günstigen Preisen milder in der Bewertung der Leistungen, bei Premiumpreisen aber umso strenger. Neben Ihren Preisen sind es Ihre Werbebotschaften, die in die Bewertung mit einbezogen werden. Dabei gilt: Seien Sie ehrlich zu Ihren Gästen! Bleiben Sie authentisch! (Abb. 3.3)

Vertrauen in den Menschen, der empfiehlt, ist – neben der Produktqualität – die zweite Grundvoraussetzung, damit Empfehlungsmarketing funktioniert! Wem schenken Ihre

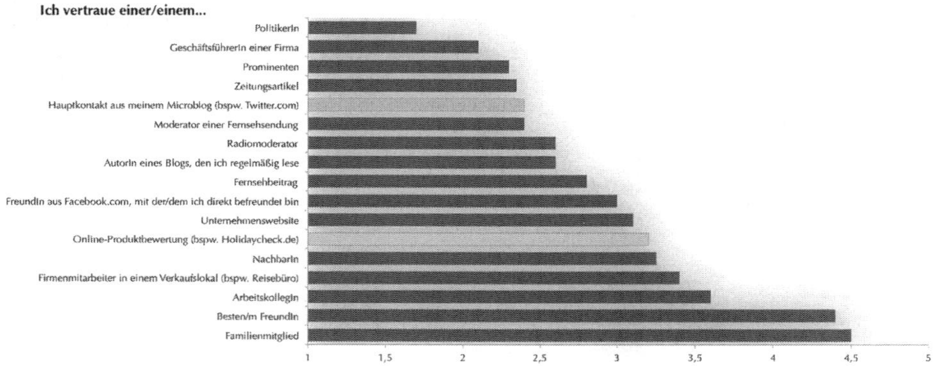

Abb. 3.3 Vertrauenswerte in On- und Offline-Informationsquellen (1 = „keinesfalls", 5 = „sehr")

Gäste Vertrauen, wenn sie sich über Ihr Hotel informieren? In erster Linie den persönlichen Kontakten, doch zunehmend auch Bewertungen, Informationen und Empfehlungen im Internet. Denn was das Vertrauen betrifft, sind die Wachstumsraten der sozialen Onlinenetzwerke wie Facebook – verglichen mit anderen, nicht persönlichen Empfehlungsquellen – enorm! So wuchs das Vertrauen in Empfehlungen aus sozialen Onlinenetzwerken vom Juli 2009 bis zum September 2010 um +47,5 %, in das von Empfehlungen aus Microblogging-Systemen wie Twitter um +21 % und in das aus Blogs um +16 %.

Praxisbeispiel

Ermuntern Sie Ihre Gäste, wie z. B. das „Hotel Stadthalle" in Wien, Sie aktiv weiterzuempfehlen! Geben Sie ihnen etwa beim Check-Out eine Postkarte (wie diese) mit der Zimmerrechnung mit:

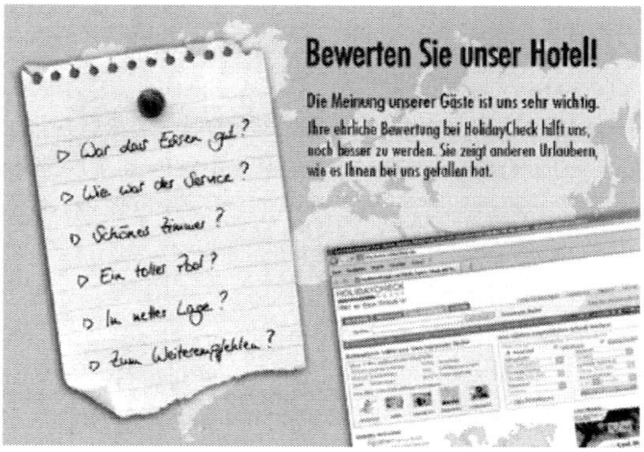

Folgend haben wir einen Test entwickelt, der Ihnen hilft, möglichst schnell einzuschätzen, inwieweit die ersten fünf Stufen Ihrer Online-Marketing-Erfolgspyramide in Ihrer täglichen Arbeit bereits professionell umgesetzt werden. Bitte kreuzen Sie jeweils an, ob Sie die gestellte Frage mit „ja", „nein" oder „weiß nicht" beantworten können und zählen Sie am Ende jedes Schrittes die Kreuzchen je Spalte zusammen (Tab. 3.2):

Tab. 3.2 Schnelltest „Motivation Empfehlungsmarketing"

Testen Sie, ob Sie Ihre Gäste bereits zum Empfehlungsmarketing motivieren:	Ja	Nein	?
Ist Ihr Haus in Hotelbewertungsplattformen wie z. B. www.holidaycheck.de *auffindbar, sind die Informationen vollständig (Text/Bilder) und beobachten Sie die Einträge zumindest einmal/Woche?*			
Ist Ihr Haus auf Facebook mit einer Fanseite vertreten und ist auf Ihrer Website ein „Gefällt mir"-Button integriert?			
Nutzen Sie die Informationen aus diesen Diensten zur Verbesserung Ihrer Leistungen?			
Motivieren Sie zufriedene Gäste, ihre Erfahrungen auf Hotelbewertungsplattformen (wie z. B. HolidayCheck, TripAdvisor oder Zoover) zu platzieren?			
Belohnen Sie Ihre Gäste als Dankeschön für deren Empfehlungen? Bspw. mit einem kostenlosen Sektfrühstück bei deren nächstem Aufenthalt etc.			
Zählen Sie hier die Anzahl der Antworten zusammen:			

Weniger als 3 „ja"-Antworten?
„Tu Gutes und sprich darüber!" Ihr Produkt ist in Ordnung. Motivieren Sie Ihre Gäste dies auch im Internet weiterzuerzählen.

Mehr als 2 „weiß nicht"-Antworten?
Lesen Sie den Leitfaden der Oberösterreich Werbung zum Thema „Empfehlungsmarketing. Bewertungsportale 2010", den Sie via: tourismus@lto.at beziehen können. Danach sind Sie eine/ein ausgewiesene/r Spezialistin/Spezialist, wenn es darum geht, Ihre Gäste zu Ihren besten Verkäuferinnen/Verkäufern zu machen.

Mehr als 3 „ja"-Antworten?
Sie haben nicht nur ein gutes Produkt, Sie motivieren auch Ihre Gäste, darüber zu sprechen und es weiterzuempfehlen! Weiter geht es mit Schritt zwei Ihrer Gastronomie-Online-Marketing-Pyramide...

3.2.3 Schritt 2: Die eigene Hotel-Website und die E-Mail-Dialoge mit Ihren Gästen. Altbekannt und wichtig!

Die Basis des Werkzeugkastens ist nun mit einem Hotel, das den Gästen die Wünsche von den Augen abliest, gelegt. Kommen wir nun zum zweiten Schritt in Ihrer Online-Marketing-Erfolgspyramide, dem eigenen Internetauftritt sowie Ihrem E-Mail-Verhalten.

Zahlreiche Untersuchungen und Marktdaten zeigen, dass die Homepage des Hotelanbieters von 97 % aller reisenden Internetnutzer als DIE Informationsquelle Nr. 1 genutzt wird und dass der E-Mail-Dienst DIE Kontaktquelle Nr. 1 ist.

Außerdem sind die Gewinnspannen bei einem Zimmerverkauf über die eigene Website am höchsten, da hier keine Vermittlungsprovisionen anfallen. Daher haben wir diese beiden Werkzeuge zum ersten wirklich virtuellen Schritt in Ihrer Online-Marketing-Erfolgspyramide gemacht (Tab. 3.3).

Tab. 3.3 Schnelltest „Eigener Internetauftritt"

Testen Sie die Qualität des eigenen Internetauftritts:	Ja	Nein	?
Navigation, Orientierung, Benutzerfreundlichkeit			
Sind die wichtigsten Informationen zumindest in Englisch sowie in den weiteren Sprachen Ihrer Zielgruppen verfügbar und sind die Informationen inhaltlich und sprachlich korrekt (stichprobenartige Überprüfung)?			
Weiß die/der Websitebesucherin/Websitebesucher immer, in welchem Bereich der Website sie/er sich gerade befindet (z. B. indem sich der aktuell ausgewählte Menüpunkt hervorhebt und/oder indem ein Navigationspfad angezeigt wird)?			
Kommt die/der Websitebesucherin/Websitebesucher jederzeit zur Startseite zurück (Verlinkung zur Startseite „Home" ist überall vorhanden)?			
Ist eine Suchfunktion oder ein Schnellzugriff auf die wichtigsten Menüpunkte („Quick Links") auf der Website stets verfügbar?			
Wird Ihre Website regelmäßig hinsichtlich Benutzerfreundlichkeit (Usability) getestet und/oder führen Sie periodisch Nutzerbefragungen durch, um die Website-Qualität zu verbessern?			
Funktionieren alle Verlinkungen (also keine „toten" Verlinkungen)? Ein stichprobenartiger Test ist auf www.tsdesigns.de/de/suchmaschinenoptimierung/linkcheck durchführbar!			
Werden hilfreiche Informationen zum Download angeboten und gibt es Hinweise auf das Format und die Größe von Dateien, bevor man sie herunterlädt?			
Gestaltung, Illustration und Texte			
Kann die Schriftgröße durch die/den Websitebesucherin/Websitebesucher selbst verändert werden (viele Browser bieten eine Funktion zur Vergrößerung von Schriften)?			

(Fortsetzung)

Tab. 3.3 (Fortsetzung)

Testen Sie die Qualität des eigenen Internetauftritts:	Ja	Nein	?
Sind die Texte nicht zu lang und in lesbaren Blöcken dargestellt (maximal ca. 1.000 Zeichen pro Seite – stichprobenartige Überprüfung)?			
Sind die Texte grundsätzlich positiv formuliert (wenig Passivformen, motivierender Stil, keine Imperative – stichprobenartige Überprüfung)?			
Sind Fotos gut ausgeleuchtet, die Motive problemlos erkennbar und entsprechen sie den touristischen Anforderungen (positiv, aktuell, Jahreszeitgemäß etc.)?			
Werden Fotos durch Texte erläutert bzw. wird der Bezug zum Text hergestellt?			
Sind Fotos und Livestreams einer Livecam (Webcam) direkt auf Ihrer Website eingebunden?			
Technik			
Kann die Website in verschiedenen Internet-Browsern ohne wesentliche Beeinträchtigungen betrachtet werden (Firefox 3 und 4, Internet Explorer 6, 7 und 8, Google Chrome, Safari für Mac)?			
Hat Ihre/Ihr Entwicklerin/Entwickler auf behindertengerechtes Webdesign (= Barrierefreiheit) geachtet? Überprüfen können Sie dies hier: http://wave.webaim.org/			
Benötigt die Startseite nicht mehr als 5 Sekunden zum Laden (Testmöglichkeit: http://www.iwebtool.com/speed_test – Ø Wert unter 5 Sekunden)?			
Sind alle Seiten mit Texten/Grafiken/Fotos (auf A4) gut druckbar bzw. mit einer Druckfunktion versehen (stichprobenartiger Test)?			
Touristische Inhalte, Aktivität und Aktualität			
Sind das Leistungsangebot und die wichtigsten Merkmale des Betriebes (z. B. Anzahl der Zimmer, Verpflegungsoptionen, Lage, …) im Überblick vorhanden?			
Werden die einzigartigen Besonderheiten Ihres Betriebes (= worin er sich von anderen Betrieben unterscheidet) dargestellt („USPs“)?			
Sind Informationen zum Urlaubs- und Freizeitangebot in der Region auf der Website vorhanden und wird zu Anbietern verlinkt (z. B. Bergbahnen)?			
Werden Vorschläge für Wanderungen oder Ausflüge, kulturelle Veranstaltungen, regionale Produkte in der Region gemacht (nicht nur Verlinkungen, sondern auch eigene textliche/grafische Beschreibungen)?			
Sind örtliche Informationen zum Wetter auf der Website eingebunden?			
Bestehen auf der Website Verlinkungen zu lokalen, regionalen oder nationalen Tourismusorganisationen sowie zu Marketingkooperationen?			
Ist auf der Website ein Routenplaner (z. B. Google Maps) eingebunden oder zumindest direkt (d. h. mit vorgegebener Zieladresse) verlinkt und funktionstüchtig?			

(Fortsetzung)

Tab. 3.3 (Fortsetzung)

Testen Sie die Qualität des eigenen Internetauftritts:	Ja	Nein	?
Gibt es „News“ und/oder Informationen zu Veranstaltungen und sind diese aktuell?			
Gibt es auf der Website eine Jobbörse, in der freie Stellen ausgeschrieben werden und Interessierte online in Kontakt treten können (für Betriebe > 80 Betten)?			
Aktualisieren Sie Ihre Website zumindest 4x im Jahr?			
Haben Sie einen Blog auf Ihrer Website eingebunden und schreiben Sie über aktuelle Inhalte?			
Angebot, Kontakt und Buchung			
Enthalten die Preisinformationen alle wichtigen Angaben (z. B. inkl./exkl. Gästetaxe, Preis pro Person oder pro Zimmer, Rabatte…)?			
Werden die Unterkünfte beschrieben (redaktionell aufbereitete Informationen)?			
Ist eine „echte“ Online-Buchung möglich (d. h. mit Sofortbestätigung, Abwicklung der Zahlungsmodalitäten) und werden die Daten verschlüsselt übertragen?			
Werden Spezialangebote offeriert und können Arrangements/Packages/Pauschalen online gebucht werden?			
Sind Adresse und Telefonnummer sowie ein Kontaktformular und die E-Mail-Adresse des Betriebes auf der Website nach max. zwei Klicks (Klick auf die E-Mail-Adresse zählt mit) auffindbar?			
Wird auf der Website die Kontaktaufnahme über neue Kommunikationsmittel (wie z. B. „Skype“ oder Ähnliches) ermöglicht?			
Integrieren Sie auf Ihrer Website interaktive Elemente von „Web 2.0“-Portalen wie z. B. YouTube, Facebook, Google+, Twitter oder Flickr (z. B. Diashow, Facebook-Link, Weiterempfehlungs-Buttons wie „+1“ von Google oder „Gefällt mir“ von Facebook, YouTube-Video o. Ä.)?			
Ist eine Online-Abfrage von freien Zimmern (Vakanzen) möglich, z. B. über einen Verfügbarkeitskalender?			
Wenn es keine Einbindung von Web 2.0-Portalen gibt: Gibt es ein Gästebuch, in dem der Gast Feedback abgeben kann?			
Gesetzliche Anforderungen			
Sind AGB und/oder Buchungsbedingungen vorhanden und leicht auffindbar?			
Ist ein Impressum vorhanden und entspricht das Impressum den gesetzlichen Bestimmungen?			
Werden Angaben zum Datenschutz gemacht?			
Zählen Sie hier die Anzahl der Antworten zusammen:			

Weniger als 28 „ja"-Antworten?
Ihre Internet-Agentur hat Handlungsbedarf! Legen Sie dieser das Testergebnis vor und beauftragen Sie Ihre Agentur binnen 3 Monaten die Versäumnisse aufzuholen. Danach führen Sie den Test nochmals durch. Sie warten Ihre Website selbst? Dann werden Sie aktiv und beheben die Fehler, also alle Zeilen, die mit „nein" angekreuzt sind. Meist liegt die Wahrheit aber in der Mitte und Bereiche wie „Technik" sind ausgelagert, Bereiche wie „Aktualität" liegen bei Ihnen. Hier müssen Sie klare Verantwortlichkeiten schaffen: Also „wer hat was zu erledigen" und danach können Sie sich wieder daranmachen die Fehler zu beheben bzw. beheben zu lassen.

Mehr als 10 „weiß nicht"-Antworten?
Vermutlich haben Sie zu wenig Zeit, um sich um Ihre Website zu kümmern?! Kein Problem. Betrauen Sie doch jemanden in der Firma, der die Agenden für Sie in die Hand nimmt und geben ihr/ihm diesen Leitfaden gleich mit auf den Weg.

Mehr als 28 „ja"-Antworten?
Ihr eigener Internet-Auftritt hat keine oder nur wenige Schwachpunkte. Gratulation! Sie können getrost mit dem nächsten Schritt und Test beginnen (Tab. 3.4).

Tab. 3.4 Schnelltest „E-Mail"

Testen Sie hier die Qualität Ihrer Gästedialoge per E-Mail:	Ja	Nein	?
Antwortzeit			
Werden alle E-Mail-Anfragen innerhalb von 4 Stunden bei Betrieben >20 Betten oder innerhalb von 24 Stunden bei Betrieben <20 Betten beantwortet?			
Formale Gestaltung			
Beinhaltet die E-Mail-Adresse den (Haupt-)Domainnamen (z. B. info@ferienwohnung-xy.at)?			
Wird die E-Mail in gängigen Mail-Programmen (Outlook, Thunderbird, Internet-Mail…) korrekt dargestellt? Ein Programm, um dies herauszufinden ist etwa: http://www.emailonacid.com/features/details/C11/9			
Wenn mit einer angehängten Datei gearbeitet wird: Wird das PDF-Format verwendet und im Text auf die angehängte Datei hingewiesen?			
Enthält die E-Mail einen aussagekräftigen Betreff (nicht nur: „Antw." oder Ähnliches)?			
Wird der Gast persönlich mit korrekt geschriebenem Namen angesprochen?			
Ist die E-Mail frei von Rechtschreib- und Grammatikfehlern?			

(Fortsetzung)

Tab. 3.4 (Fortsetzung)

Testen Sie hier die Qualität Ihrer Gästedialoge per E-Mail:	Ja	Nein	?
Inhaltliche Qualität			
Wenn das Haus zum angefragten Zeitpunkt ausgebucht ist: Werden automatisch alternative Termine vorgeschlagen oder auf ein anderes Haus in der Region weiterverwiesen?			
Beantworten Sie immer die Frage nach dem Preis für den Aufenthalt?			
Wird immer speziell auf die besondere Situation des Gastes (z. B. Familie mit kleinen Kindern) eingegangen und alle gestellten Fragen (Preis, Freizeitaktivitäten, Entfernungen zum Skigebiet etc.) konkret beantwortet?			
Enthalten E-Mails mit Angeboten auch Angaben zu Stornobedingungen?			
Kontakt & Verkaufsförderung			
Wird der Name der/des Absenderin/Absenders (Rezeptionistin/Rezeptionist oder Gastgeberin/Gastgeber) verwendet?			
Ist der Name, die Adresse, die Telefonnummer und die Internetadresse des Betriebes angegeben?			
Wird ein Newsletter-Service o. Ä. im E-Mail angeboten?			
Wird ein Facebook-Link oder ein Twitter-Konto mit angeführt?			
Wird auf spezielle Aktionen oder Vorteile des Betriebes hingewiesen?			
Zählen Sie hier die Anzahl der Antworten zusammen:			

Weniger als 11 „ja"-Antworten?
Das E-Mail-System ist der WICHTIGSTE Weg – aus Sicht des Gastes– um mit Ihnen direkt in Kontakt zu treten. Widmen Sie dem E-Mail daher genügend Zeit und schulen Ihre Mitarbeiterinnen/Mitarbeiter für das Texten von E-Mail-Antworten!

Mehr als 2 „weiß nicht"-Antworten?
Wahrscheinlich haben Sie die „weiß nicht" im Bereich der formalen Gestaltung angekreuzt. Lassen Sie sich hier von Ihrer Agentur oder einer technikaffinen Mitarbeiterin/einem technikaffinen Mitarbeiter technisch beraten.

Mehr als 11 „ja"-Antworten?
Ihre E-Mail-Handhabung ist vorbildlich. Wenn Sie auch alle Mails innerhalb von 24 Stunden beantworten, um unter den ersten Angeboten im Briefkasten Ihres Gastes zu sein: Gratulation! Sie können getrost mit dem nächsten Test beginnen.

3.2.4 Schritt 3: Gönnen Sie Ihrer Hotel-Website Suchmaschinenmarketing und –optimierung!

Sie haben nun also eine perfekte Website und managen Ihren E-Mail-Verkehr professionell. Doch wenn Sie nicht bei Google gefunden werden, existieren Sie leider nicht im Internet und Sie werden (noch) keine Zimmer über Ihre Website verkaufen können.

Warum? 91,5 % aller Gäste, die sich im Internet bewegen, nutzen Google & Co. vor der Hotelbuchung. 63 % aller Gäste nutzen die Suchmaschine im allerersten Schritt ihrer Urlaubsrecherche. Salopp sagt: „Der Urlaub beginnt bei Google!". Daher sollte Ihre Website auf der ersten Seite der Suchergebnisse gelistet werden. Denn Ihr Gast surft von der Suchmaschine auf die Hotelwebsite und/oder eine Online-Vertriebsplattform wie HRS, danach noch zu einer Hotelbewertungsplattform wie HolidayCheck, um die Buchungsentscheidung abzusichern, und dann wird gebucht. Dies ist der häufigste Prozess Ihrer Gäste bei der Hotelbuchung im Internet. Die meisten Gäste, rund 55 % buchen im zweiten Prozessschritt das Zimmer. 33 % buchen im dritten Prozessschritt ihr Zimmer.

Welche Rolle spielen hierbei Facebook, Twitter & Co? Sie können Ihnen bei Ihrem Suchmaschinenmarketing sehr gut behilflich sein, denn auch wenn Ihr Gast nicht bei Twitter sein sollte: „Google sieht alles!" Zum einen dienen Inhalte in Facebook, Twitter & Co. dazu, dass die eigenen Websiteinhalte in Suchmaschinenergebnissen besser gelistet werden. Zum anderen dienen die Auftritte in Facebook natürlich auch dazu, von dort direkt Zugriffe durch Links auf die eigene Website zu bekommen. In diesem Sinne wird Facebook sozusagen zu einer Suchmaschine an sich.

Im folgenden Test erfahren Sie, ob Ihr Suchmaschinenmarketing bereits erfolgreich ist bzw. welche Schritte Sie für ein optimales Suchmaschinenmarketing unternehmen müssen (Tab. 3.5).

Tab. 3.5 Schnelltest „Suchmaschinenmarketing und –optimierung"

Testen Sie hier die Qualität Ihres Suchmaschinenmarketings und Ihrer Suchmaschinenoptimierung:	Ja	Nein	?
Sind die Texte auf der Website für die Suchmaschinen lesbar, d. h. sind die wichtigen Begriffe als Texte formatiert? Test mit: www.iwebtool.com/spider_view			
Sind die Titel („Title-Tag") der Seiten der Website aussagekräftig in Bezug auf den Inhalt und enthalten sie relevante Begriffe, welche die Kernkompetenzen Ihres Betriebes widerspiegeln?			
Führen mehr als 50 Links von anderen Seiten auf die eigene Website? Test mittels: http://siteexplorer.search.yahoo.com			
Ist die Website unter den ersten 15 Ergebnissen auffindbar, wenn in Google mit dem Produkt-/Dienstleistungsbegriff + Destinationsname gesucht wird? (Test in der entsprechenden Länderversion von Google)			
Ist die Website unter den ersten 15 Ergebnissen auffindbar, wenn in Google mit den Wörtern „Hotelname"/„Ferienwohnungsbezeichnung"/etc. + Destinationsname gesucht wird? (Test in der entsprechenden Länderversion von Google)			

(Fortsetzung)

Tab. 3.5 (Fortsetzung)

Testen Sie hier die Qualität Ihres Suchmaschinenmarketings und Ihrer Suchmaschinenoptimierung:	Ja	Nein	?
Hat die Website einen Google-„PageRank" von mehr als 3? (Prüfung der Startseite)			
Ist die Webadresse so gewählt, dass sie einen sinnvollen Bezug zur Region/zum Betrieb herstellt? Z. B. Verwendung der Betriebsart in der Adresse: www.ferienwohnung-xy.at			
Werden Grafiken/Fotos im sogenannten „Alt-Tag" textlich beschrieben? (Prüfung der Startseite)			
Nutzen Sie Google AdWords zur Bewerbung Ihrer Website?			
Sind Sie auf Web 2.0-Plattformen aktiv, schreiben dort Texte, die Ihre USPs, die Destination und Ihren Hotelnamen beinhalten und haben auch den Link zu Ihrer Internetadresse in den Profilen eingebunden?			
Ist Ihr Haus in Hotelbewertungsplattformen, wie z. B. www.holidaycheck.de, *auffindbar und sind die Informationen vollständig (Text/Bilder)?*			
Befinden sich Fotos auf bspw. Flickr und Videos auf bspw. YouTube, die zu Ihrer Homepage verlinkt sind und verlinken Sie umgekehrt zu Inhalten auf Vimeo, Picasa und Co.?			
Kommentieren Sie Blogbeiträge (sinnvoll) und verlinken in Ihrer Antwort auf Ihre Homepage ohne die Werbung in den Vordergrund (!) zu stellen?			
Zählen Sie hier die Anzahl der Antworten zusammen:			

Weniger als 9 „ja"-Antworten?
Für Betriebe mit weniger als 20 Betten und/oder technikinteressierte Hoteliers empfiehlt es sich die sehr gute, praxisorientierte und kurze Anleitung aus dem Internet unter: www.google.de/webmasters/docs/einfuehrung-in-suchmaschinenoptimierung.pdf herunterzuladen, durchzulesen und mit der Suchmaschinenoptimierung zu starten. Für Betriebe mit über 20 Betten zahlt sich im Normalfall ein professionelles Suchmaschinenmarketing aus. Siehe hierzu auch den nächsten Hinweis-Kasten!

Mehr als 4 „weiß nicht"-Antworten?
Suchmaschinenmarketing und –optimierung ist etwas für Internetprofis. Sie setzt viele technische Kenntnisse voraus. Ein eigener Berufs-stand, der des „Search Engine Marketers" hat sich hierfür entwickelt. Lagern Sie diese Aufgabe an Ihre Internet-Agentur aus und kontrollieren Sie den Erfolg mit diesem Test UND der Anzahl der Online-Buchungen über Ihre eigene Website.

Mehr als 9 „ja"-Antworten?
Ihre Suchmaschinenmarketing und –optimierung ist vorbildlich. Sie werden im Internet gefunden und können getrost mit dem nächsten Test beginnen.

3.2.5 Schritt 4: Mit Newsletter-Marketing gezielt auslastungsschwache Zeiten überbrücken!

Das Newsletter-Marketing, das Versenden von elektronischen Postwurfsendungen, ist in der Hotellerie ein klassisches Gästebindungselement, mit dem Sie Ihre Stammgäste auf dem Laufenden halten und vor allem (!) sehr wirkungsvoll Restkontingente verkaufen können. Laut Marktforschung sind Newsletterempfänger jene Gäste, die gut verdienen und gerne mit Ihnen in Kontakt bleiben wollen. Der Newsletter hat nach der Website den höchsten Wirkungsgrad (= Verhältnis zwischen Newsletterempfängern und Zimmerbuchungen) und steht daher auf der vierten Stufe Ihrer Online-Marketing-Erfolgspyramide! Wie sieht es nun in Ihrem Betrieb aus? (Tab. 3.6)

Tab. 3.6 Schnelltest „Newsletter-Marketing"

Testen Sie hier die Qualität Ihres Newsletter-Marketings:	Ja	Nein	?
Nutzen Sie Newsletter oder Direktmailings per E-Mail, welche Sie periodisch an interessierte Gäste versenden?			
Setzen Sie die Newsletter bewusst und geplant vor auslastungsschwachen Zeiten ein, um Ihre Auslastung beispielsweise in Zwischensaisonen zu erhöhen?			
Stellen Sie sich vor dem Texten des Newsletters die Frage: „Was ist aus Sicht meines Gastes eine spannende Information?", anstatt ihr/ihm in erster Linie Verkaufsbotschaften zu senden?			
Haben Sie einen Plan, ein Konzept zur Gewinnung von E-Mail-Adressen? Fragen Sie Ihre Gäste bspw. um deren E-Mail-Adresse und lassen sie sich die Erlaubnis geben, ihnen einen Newsletter zusenden zu dürfen?			
Gibt es im Newsletter einen Link zur Direktbuchungsmöglichkeit?			
Kann über Ihre Website ein Newsletter bestellt werden?			
Beenden Sie Ihren Newsletter mit einer E-Mail-Adresse, Telefonnummer und der URL Ihrer Website und sind diese richtig geschrieben?			
Haben Sie Ihren Newsletter in Newsletter-Verzeichnisse eingetragen? Bspw. http://www.newslettersuchmaschine.de			
Wird ein Facebook-Link oder ein Twitter-Konto angeführt?			
Kann über Ihren Facebook-Account ein Newsletter bestellt werden?			
Zählen Sie hier die Anzahl der Antworten zusammen:			

Weniger als 9 „ja"-Antworten?
Sollten Sie noch keinen Newsletter versenden oder hierbei noch Optimierungsbedarf benötigen, sehen Sie sich doch einmal den sehr guten und ausführlichen Newsletter-Marketing-Leitfaden mit dem Titel „Leitfaden E-Mail Marketing 2.0" von Torsten Schwarz mit der ISBN 978-3000271809 an.

Mehr als 6 „ja"-Antworten?
Ihr Newsletter wird regelmäßig versandt und hilft zusätzlichen Umsatz zu machen? Top! Sie nähern sich rasch der nächsten Stufe in Ihrer Online-Marketing-Erfolgspyramide.

Mehr als 4 „weiß nicht"-Antworten?
Lassen Sie sich von Ihrer Internet-Agentur oder der/dem Verantwortlichen in Ihrer Firma die offenen Punkte erklären.

3.2.6 Schritt 5: Die Online-Vertriebsplattformen. Zimmer von anderen verkaufen lassen!

Ein weiteres wichtiges Werkzeug in Ihrem Online-Marketing-Baukasten sind Online-Vertriebsplattformen wie z. B. hrs.de, expedia.de oder bookings.com. In vielen Fällen wird zwar Ihre eigene Website von Ihren Stammgästen im Internet gefunden, doch um neue Gäste auf Ihre eigene Website zu steuern, helfen oftmals marktmächtige Vertriebsplattformen. Über diese bucht ein Bruchteil der Gäste dann auch tatsächlich, wofür Vermittlungsprovisionen in ganz unterschiedlichen Höhen anfallen.

Der andere Teil der Gäste gelangt über die Vertriebsplattform zu Ihrem Internetauftritt und bucht dort, sofern Bewertungen und Preise im Vergleich zu Ihren Mitbewerberinnen/Mitbewerbern stimmen! Im folgenden Schnelltest erfahren Sie, ob Sie die oben genannten Vertriebsplattformen bereits erfolgreich nutzen (Tab. 3.7).

Tab. 3.7 Schnelltest „Online-Vetriebsplattformen"

Testen Sie hier die Qualität Ihrer indirekten Verkaufskanäle	Ja	Nein	?
Nutzen Sie Brachenportale wie Tiscover oder Österreich Werbung zur Bewerbung oder zum Verkauf Ihrer Leistungen?			
Nutzen Sie zumindest eine Vertriebsplattform für die zusätzliche Vermarktung (Online-Buchbarkeit) wie hrs.de oder bookings.com?			
Nutzen Sie Auktions- oder Gutscheinvertreiber zum Vertrieb Ihrer Leistungen (z. B. Ebay, Ricardo, Animod oder Groupon, Daily Deal, Social Living), um „tote Zeiten" zu füllen?			
Wenn Sie mehrere Vertriebsplattformen verwenden: Warten Sie diese mittels eines sogenannten Switch-Systems (wie bspw. Cultuzz oder RateTiger), das es Ihnen ermöglicht, in einer Oberfläche alle Kontingente und Preise zu warten?			
Sind Preise und Kontingente auf allen Vertriebsplattformen tagesaktuell und koordiniert?			
Kennen Sie die anfallenden direkten Kosten (Provisionen) der einzelnen Vertriebspartnerinnen/Vertriebspartner und berechnen Sie den verbleibenden Gewinn/Verlust der Verkäufe?			
Zählen Sie hier die Anzahl der Antworten zusammen:			

Weniger als 4 „ja"-Antworten?
Zwei Leitfäden, mit denen Sie sofort erkennen, auf welchen Online-Buchungsplattformen Sie bestimmte Zielgruppen ansprechen, seien Ihnen ans Herz gelegt! Zum einen der „Leitfaden zu Reise- und Buchungsplattformen" der „hotelleriesuisse", zu beziehen unter info@hotelleriesuisse.ch und zum anderen die „ÖHV-Webmarketingstudie" der ÖHV, zu beziehen unter: http://www.oehv.at/studien. Dort erfahren Sie auch alles über die direkten Kosten, die für Sie bei den Plattformen anfallen.

Mehr als 4 „ja"-Antworten?
Sie scheinen Online-Vertriebsplattformen erfolgreich zu nutzen. Erklimmen Sie nun gemeinsam mit uns die finale Stufe in Ihrer Online-Marketing-Erfolgspyramide und holen sich Inspirationen im Abschn. 3.3.

Mehr als 3 „weiß nicht"-Antworten?
Der Zimmerverkauf im Internet birgt eine riesige Chance für die Auslastung Ihres Betriebes. Informieren Sie sich doch hierzu näher in den beiden links genannten Leitfäden.

3.2.7 Messung der Zielerreichung

Ob mit einer Strichliste, einer Excel-Tabelle oder einem professionellen CRM-Tool: Messen Sie am Ende, ob Sie Ihre Ziele erreicht haben. Und entscheiden Sie dann, wie Sie bestimmte Online-Marketing-Werkzeuge in der Folgeperiode (Monat/Quartal/Saison/Jahr) einsetzen!

Ein konkretes Beispiel

Sie haben Ihre Agentur beauftragt, eine Suchmaschinenoptimierungs-Maßnahme für Ihre Website durchzuführen und verkauften dadurch: 15 Nächte á EUR 110,–, die dem Suchbegriff „Fischen + Drautal" zurechenbar sind. Das ergibt einen Umsatz von

EUR 1.650,– abzüglich von EUR 35,–/Buchung, die auf diesen Suchbegriff zurückzuführen sind. Diese EUR 35,– sind an die Internetagentur zu zahlen und machen insgesamt EUR 525,– aus. Somit ergibt sich ein Marketing-Deckungsbeitrag aus der Maßnahme „Suchmaschinenoptimierung auf die Begriffskombination Fischen + Drautal" von EUR 1.125,–

▶ Testen Sie immer auch genau, WELCHE Gäste über Ihre NEUEN Online-Kanäle zu „Wiederholungs-Tätern" oder Neugästen wurden. Begnügen Sie sich nicht mit der bloßen Zählung von getätigten Verkäufen in Ihrem neuen Online-Kanal! Warum? Damit Sie wissen, ob sich die Maßnahme WIRKLICH ausgezahlt hat! Denn, wenn es das Ziel der Einführung einer neuen Online-Marketing-Maßnahme war, neue Gäste zu gewinnen, hilft nur ein Vergleich der Gästenamen, die im letzten Monat über die neu eingesetzten Online-Kanäle kamen, mit denen von der Belegungsliste aus dem Vergleichsmonat des Vorjahres.
Reduzieren Sie nun die Verkaufszahlen, die Sie aus Ihren neuen Online-Kanälen vorliegen haben um jene Personen, die bereits einmal in Ihrem Hotel waren.
Nun wissen Sie, wie viele echte (!) Neugäste Sie gewinnen konnten und wie viele Gäste bereits einmal bei Ihnen waren – diesmal aber eben über den neuen Online-Kanal gebucht haben.

Eine einfache Marketing-Deckungsbeitragsrechnung (= Umsatz – variable Marketingkosten) kann Ihnen dabei helfen zu bewerten, welche Werkzeuge wie erfolgreich waren (Tab. 3.8).

Tab. 3.8 Schnelltest „Arbeiten mit Zielgrößen"

Testen Sie hier, wie sehr Sie mit Zielgrößen arbeiten:	Ja	Nein	?
Führen Sie in Ihrem Hotel Gästebefragungen durch und fragen dabei auch ab, wie diese auf Ihr Hotel aufmerksam wurden? (Eigene Website, hrs.de & Co., Facebook & Co., HolidayCheck & Co., Offline-Medien, Empfehlung von Freundinnen/ Freunden etc.)			
Messen Sie, über welche Kanäle (Telefon, Fax, eigene Website, Buchungsplattform A, Buchungsplattform C, Newsletter, E-Mail, Brief, Reisebüro A, Reisebüro B, etc.) Ihre Gäste gebucht haben?			
Werden die Zugriffe auf Ihre Website durch ein Statistik-Tool ausgewertet (z. B. mit Google Analytics, eTracker etc.) und ziehen Sie Konsequenzen für die Websitegestaltung?			
Kennen Sie die wichtigsten Suchbegriffe aus Ihrer Website-Analyse? Optimieren Sie auf Basis dieser Informationen Ihr Suchmaschinenmarketing?			
Kennen Sie das Verhältnis zwischen Zugriffsquellen (Google + Suchbegriff, Facebook, YouTube, usw.) auf Ihrer Website und den daraus erzielten Buchungen?			
Kennen Sie die Statistik Ihrer Facebook-Fanseite und haben Sie diese bereits einmal mit der Statistik Ihrer Website verglichen (etwa, was die Herkunftsländer betrifft)?			

(Fortsetzung)

Tab. 3.5 (Fortsetzung)

Testen Sie hier, wie sehr Sie mit Zielgrößen arbeiten:	Ja	Nein	?
Führen Sie Statistiken zu den Umsätzen minus Vertriebskosten Ihrer indirekten Online-Vertriebskanäle (hrs.de, expedia.de etc.) und vergleichen diese mit Ihren direkten Online-Vertriebskanälen (Website, Newsletter-Marketing etc.)?			
Wissen Sie, wie viele E-Mail-Anfragen Ihr Betrieb pro Monat erhält und wie viele davon zu Buchungen führen?			
Wissen Sie wie viele Stunden Sie pro Monat für die Beantwortung von Gästeanfragen via E-Mail aufwenden und was dies kostet?			
Wissen Sie, wie viele Stunden Sie pro Monat für die Aktualisierung des Internetauftrittes aufwenden und was dies kostet?			
Wissen Sie, wie viele Stunden Sie pro Monat für das Beantworten und Beobachten von Reaktionen in sozialen Online-Netzwerken wie Facebook aufwenden und was dies kostet?			
Wissen Sie, wie viele Stunden Sie pro Monat für das Beantworten und Beobachten von Reaktionen in virtuellen Bewertungsplattformen wie holidaycheck.de aufwenden und was dies kostet?			
Wissen Sie, wie viele Stunden Sie pro Monat für das Warten der Preise und der Inhalte in indirekten Online-Vertriebskanälen (hrs.de, expedia.de etc.) aufwenden und was dies kostet?			
Wissen Sie, welche Kosten pro Jahr für Online-Marketing UND Online-Vertrieb aufgewendet werden (ohne innerbetriebliche Kosten)?			
Wie hoch ist das jährliche durchschnittliche Budget für die Durchführung von Online-Marketing-Maßnahmen (z. B. Newsletter-Marketing, Google Adwords)?			
Wie viele Newsletter senden Sie aus und wie viele Buchungen erhalten Sie daraus?			
Zählen Sie hier die Anzahl der Antworten zusammen:			

Weniger als 8 „ja"-Antworten?
Kennzahlen sind oftmals ein heikles Thema, weil es sich um Betriebsinterna handelt und Sie die Berechnung verständlicherweise nicht so gerne auslagern wollen. Hier hilft nur, die Kennzahlen selbst zu errechnen. Fangen Sie mit den Basiskennzahlen aus Abschn. 3.2.1 an. Ein sehr guter Leitfaden, der sowohl für Einsteigerinnen/Einsteiger als auch für erfahrene Online-Marketing-Analytiker strukturiert den Weg zum Berechnungserfolg zeigt, ist das Buch von Axel Amthor und Thomas Brommund mit dem Titel „Mehr Erfolg durch Web-Analytics: Ein Leitfaden für Marketer und Entscheider". ISBN: 978-3446421394.

Wenn Sie die Webanalysen auslagern, schrei-ben Sie diese systematisch aus. Eine Vorlage für eine derartige Ausschreibung ist im oben genannten Buch auf S. 214 zu finden. Wenn die Internet-Agentur dann Ihre Webanalyse-Werkzeuge präsentiert, stellen Sie klar, dass Sie keine „Features" (etwa Temperaturkarten, die zeigen, wo häufig geklickt wird) benötigen, sondern konkrete Antworten auf Fragen aus Ihrem täglichen Geschäft. Diese Fragen können Sie bspw. der obigen Tabelle entnehmen.

Mehr als 8 „ja"-Antworten?
Gratulation, Sie benutzen die Werkzeuge des Hotel-Online-Marketings nicht nur, sondern bewerten auch das damit erzeugte Werkstück. Ist das Ergebnis nicht in Ihrem Sinne, greifen Sie zu einem anderen Werkzeug oder verbessern Sie den Umgang mit dem bestehenden, bis Sie ein perfektes Werkstück erzeugt haben.

Mehr als 5 „weiß nicht"-Antworten?
Lesen Sie mehr zum Thema Erfolgsmessung in dem oben vorgestellten Leitfaden.

3.3 Der 6. Schritt zum Erfolg: Facebook, Twitter & Co. als die Krönung Ihrer Online-Marketing-Erfolgspyramide

Sie haben Ihre bisherige Leistung im Hotel-Online-Marketing in Abschn. 3.2 auf Herz und Nieren getestet? Dann sind Ihnen sicher die kursiv gedruckten Fragen in den Tests aufgefallen. An diesen Stellen ging es immer auch schon um den sechsten Schritt Ihrer Online-Marketing-Erfolgspyramide, dem „Social-Media-Marketing" (= SMM)!

Dass Sie schon bis hierher mit SMM konfrontiert waren, zeigt Ihnen die Tatsache, dass SMM an der Spitze Ihrer Online-Marketing-Erfolgspyramide mit den unteren Ebenen verwurzelt ist.

Kennen Sie die Ausdrücke, die im Zusammenhang mit dem SMM oftmals verwendet werden? Dann lesen Sie gleich hier weiter. Sonst empfehlen wir Ihnen, das „Fachlexikon und Glossar" im Anhang vorzuziehen und danach an diese Stelle zurückzukehren, um weiterzulesen.

SMM ist ein weiteres Werkzeug Ihres Online-Marketings, das Ihrem Hotel konkret dabei helfen kann,

- die eigene Marke, das eigene Hotel, bekannter zu machen und eine Steigerung der Zugriffszahlen auf Ihrer Website zu ermöglichen.
- eine weitere Dialogmöglichkeit zwischen Ihren Zielgruppen und der Marke, Ihrem Hotel, zu erlangen.
- Dialoge innerhalb der Zielgruppe über die Marke, Ihr Hotel, zusätzlich anzuregen.

SMM kann so dabei helfen, die Gästebeziehungen zu intensivieren und dadurch eine Steigerung der Verkaufszahlen durch Wiederkauf zu erreichen. Und: Ihren zufriedenen Gästen kann es durch SMM zusätzlich ermöglicht werden, einfach auf Ihre Firmenprofile in Social-Software-Anwendungen zu verweisen: Helfen Sie Ihren Gästen doch dabei, Ihr Hotel weiterzuempfehlen!

Aber wie planen Sie Ihr SMM nun so, dass es wie die anderen Online-Marketing-Werkzeuge, zu Ihrem Unternehmenserfolg beiträgt? Das zeigen wir Ihnen Schritt für Schritt auf den folgenden Seiten von Abschn. 2.3.1–2.3.5! Übrigens: Auch Ihre Internet-Marketing-Agentur wird sich im Falle einer kompetenten Beratung dieser Vorgehensweise bedienen.

3.3.1 Lernen Sie das Internetverhalten Ihrer Gäste kennen!

Es bringt nichts, wenn Sie die schönsten neuesten Marketing-Instrumente wie Facebook, Twitter & Co. benutzen, wenn Ihre tatsächlichen Gästegruppen eher konservative Medien und Informationswege bevorzugen.

Daher sollten Sie Ihre Zielgruppen, die Sie zu Beginn in Ihrem strategischen Marketing festgelegt haben, mit folgenden Fragestellungen konfrontieren:

- Mit welchen Motivationen (zu welchem Zweck) gehen meine Gäste ins Internet?
- Sind meine Gäste denn auch wirklich online?
- Welche Seiten sind für meine Gäste interessant?
- Wie aktiv sind meine Gäste im Internet?
- Wo gehen meine Gäste ins Internet?
- Welcher Internetnutzergruppe gehören meine Gäste an?

Die Nutzung von Internetdiensten hängt in erster Linie davon ab, weshalb die Leute ins Internet einsteigen. Die verschiedenen Motivationen stehen sozusagen vor dem Schritt, die Verbindung zum Internet aufzubauen. Die wichtigste Motivation ist die Informationssuche. Sie steht vor der Kommunikation und der Unterhaltung. Daher verwenden Internetnutzer auch am öftesten Suchmaschinen, ihnen folgen Virtual Communities (= VC), danach kommt das Ansurfen von Websites von Softwareanbietern und an vierter Stelle – je nach Untersuchung – entweder das E-Mailen oder das Nutzen von sozialen Online-Netzwerken (= OSN).

Werden nun die Dienste, die zum Zweck des Dialogs gewählt werden, unter die Lupe genommen, zeigt sich: Die Verwendung von OSN ist nach dem E-Mailen, dem Chatten, dem Verwenden von Instant Messenger und knapp vor dem Telefonieren übers Internet der am vierthäufigsten genutzte Dienst. Allerdings weist dieser Dienst eindeutig hdie höchsten Zuwachszahlen auf! Werden die in den verschiedenen Diensten verbrachten Zeiten betrachtet, liegen OSN gemäß ihrer Natur schon vor der E-Mail-Nutzung.

Sie wissen nun, warum Ihre Gäste ins Internet gehen, welche Dienste sie verwenden, um mit anderen in Kontakt zu treten und dass, in OSN wie z. B. Facebook, sehr viel Zeit verbracht wird. Welche Beweggründe sind es nun aber im Detail, die Ihre Gäste zu Facebook, Twitter & Co. surfen lassen?

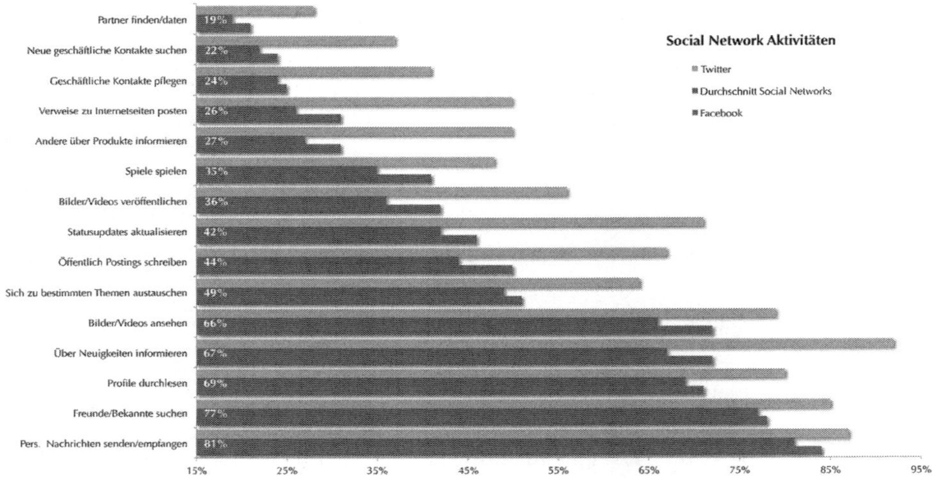

Abb. 3.4 Gründe zur Nutzung von OSN. Sie nutzen Facebook und Twitter zum... .Zahlenwerte = Prozentanteile innerhalb der Facebook-Nutzerinnen/Nutzer

Stellen Sie Ihren Gästen Bilder und Videos auf Ihren Social-Software-Profilen zur Verfügung, füttern Sie diese laufend mit Neuigkeiten und schicken Sie auch den einen oder anderen Newsletter über Facebook (Abb. 3.4).

Aber Achtung! Beachten Sie, dass hier die gleichen gesetzlichen Bestimmungen gelten wie für den Newsletter-Versand über das „normale" E-Mail-System. Sie brauchen also eine Erlaubnis vom Gast. Und nutzen Sie diese Funktion sehr gezielt und selten: Spammen Sie nicht!

Sehr wichtig für Sie als Hotelier ist die Tatsache, dass das Internet und auch die OSN in ihren Quellmärkten unterschiedlich häufig genutzt werden. So ist in Großbritannien der Markt bereits gesättigt und Facebook eindeutiger Marktführer, während der größte Wachstumsmarkt für OSN Russland ist und dort ein OSN namens vKontakte.ru der eindeutige Marktführer ist. Für österreichische Hoteliers sollte auch noch das holländische hyves.nl beachtet werden, wenn Niederländerinnen/Niederländer zu den Gästen zählen. Österreich selbst ist ein nahezu gesättigter Markt. Während die OSN-Penetration weltweit bei rd. 67 % der Online-Bevölkerung liegt, ist dies im deutschen Markt mit rd. 41 % der Onliner jedenfalls noch wesentlich geringer. In Österreich hingegen ist die OSN-Penetration mit rd. 70 % sehr hoch! Twitter ist z. B. ein US-amerikanisches Phänomen, wird jedoch in Europa derzeit noch nicht erwähnenswert aktiv von Ihren Gästen genutzt.

Praxisbeispiel

Das „Hotel Edelweiß" in Großarl ist ein – in einem Skigebiet gelegenes – Wellnesshotel. Es will für deutschsprachige Wintersport-, und Wellnessinteressierte zwischen 30 und 64 Jahren ein begehrenswertes Hotel sein. Hierfür gibt es auf Facebook 76.880 potenzielle Gäste zu erreichen:

Wie sieht es nun mit Ihren Gästen aus? Sind diese online?

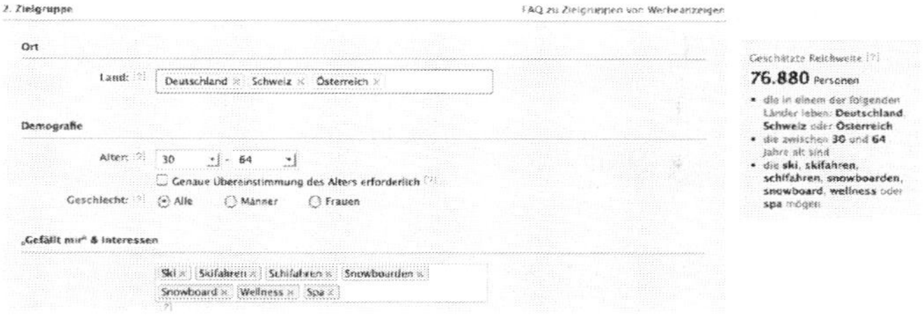

Achten Sie darauf, dass Ihre Internet-Agentur Sie auch diesbezüglich berät und Angaben dazu macht, welche Personen (Alter, Interessen, Bildungsstand, Geschlecht, Herkunft) in welcher Anzahl in welchen Netzgemeinschaften unterwegs sind. Jede gute Internetagentur hat entsprechende Marktdaten auf dem Tisch und wählt je nach Herkunft Ihrer Zielgruppen maßgeschneiderte Kommunikationskanäle aus! Sie selbst können sehr einfach feststellen, ob Ihre bestehenden Gäste online sind und wo sie sich im Internet aufhalten. Befragen Sie Ihre Gäste doch mittels Gästefragebogen dazu!

Was Facebook betrifft, können Sie sehr einfach und zielgerichtet selbst herausfinden, wer auf Facebook verfügbar ist. Klicken Sie hierzu auf „Mit einer Werbeanzeige bewerben" im rechten Menü Ihrer Fanseite, und nachdem Sie Ihre Werbeanzeige mit wenigen Klicks grafisch gestaltet haben, gelangen Sie zum Punkt „Zielgruppe". Hier können Sie nun auswählen, welche Personen Sie ansprechen wollen und sehen dann im rechten oberen Bildschirmbereich, um wie viele Personen es sich handelt. Nach dem Einsehen dieser Information können Sie den Prozess übrigens einfach abbrechen und müssen nicht unbedingt eine Werbeanzeige schalten! Sie wissen nun, ob Ihre Zielgruppe auf Facebook vertreten ist!

Doch wie aktiv sind die Menschen eigentlich in den OSN, also wie oft befinden sich die Gäste in den OSN und sind dort für Sie erreichbar?

55 % der OSN-Nutzerinnen/Nutzer haben ein Profil in einem OSN angelegt, aber seitdem nicht mehr nachgesehen, 32 % steigen einmal im Monat in ihr OSN ein, 24 % einmal in der Woche und 10 % steigen täglich oder mehrmals am Tag ein. Die OSN mit dem höchsten Anteil an Intensivnutzern und den meisten Freundinnen/Freunden pro Mitglied sind Facebook, die VZ-Netzwerke (bspw. mein-vz.de, studi-vz.de) und wer-kennt-wen.de. Der Micro-Blog Twitter fällt in Bezug auf Nutzungsdauer und Marktanteil gegenüber den OSN ab. Wie sieht es mit Ihren älteren Gästen aus? Mehrheitlich sind die Nutzerinnen/Nutzer von OSN (noch) jung, das Wachstum findet aber in allen Altersgruppen statt (Abb. 3.5). Und wo gehen Ihre Gäste ins Internet? Neben dem Arbeitsplatz und den eigenen vier Wänden ist das Internet zunehmend auch mobil verfügbar: Bereits jedes dritte Mobiltelefon ist ein sogenanntes Smartphone. Rund 50 % der Smartphonenutzer gehen mit dem Telefon einmal pro Woche ins Internet,

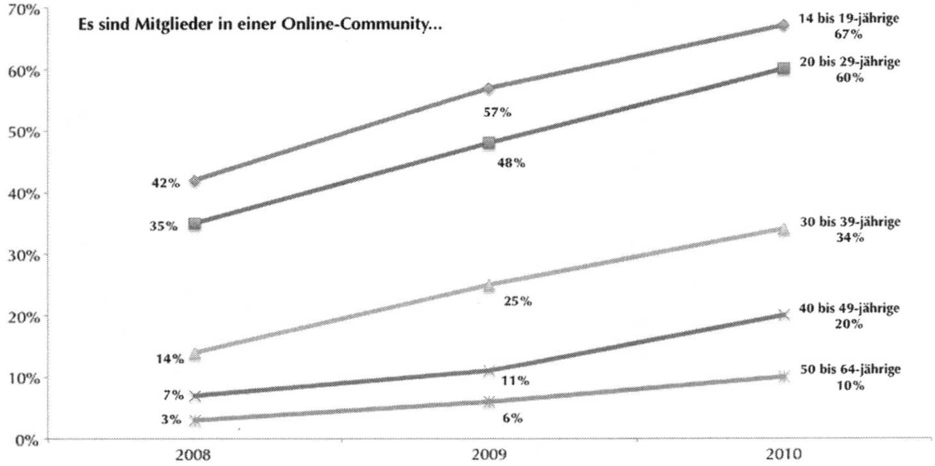

Abb. 3.5 OSN-Wachstum nach Altersklassen

82 % versenden SMS und 50 % verwenden mindestens einmal pro Woche die E-Mail-Funktion. Beinahe alle zusätzlichen Funktionen, die über das Telefonieren hinausgehen, werden von Männern viel intensiver genutzt als von Frauen. Ein Blick auf „Jung" und „Alt" zeigt, dass die jüngere Zielgruppe (<25 Jahren) bei der Internetnutzung am Telefon ungleich aktiver ist als ältere Generationen. Maximal zehn Minuten durchgehend verbringen die Smartphonenutzer im Internet. OSN werden von ca. 7 % der Deutschen mobil genutzt, also von rund 5,9 Mio. Menschen. Interessant ist, dass bereits die Hälfte (54 %), rund 3 Mio. Menschen, zusätzlich auch Applikationen – sogenannte Apps – verwenden.

Apps stellen Internetangebote grafisch schön aufbereitet und sehr einfach anzuwenden bereit. Bei den Reise-Apps sind Wetter-Apps, Fahr- und Flugpläne, Kartenlösungen, Reisewörterbücher, Reiseführer, Währungsrechner und Bewertungs-Apps am beliebtesten. Apps gelten derzeit als DIE Zukunft der Internetnutzung. Testen Sie daher von Zeit zu Zeit auch Ihre Bewertungen in den Bewertungs-Apps wie TripWolf, Qype, Foursquare, Tupalo etc.!

Sind Ihre Gäste Meinungsbildnerinnen/Meinungsbildner in der Online-Welt, Leserinnen/Leser von Meinungen oder gar nicht online?

Nehmen Sie einmal Ihre Belegungsliste zur Hand und googlen Sie nach Ihren Gästen im Internet, um dies herauszufinden. Oder fragen Sie Ihre Gäste im Gästefragebogen oder in persönlichen Gesprächen nach deren Internetverhalten. Gerade Meinungsbildner sollten Sie herausfiltern, diese Gästegruppe ermuntern und sich bei ihnen bedanken, wenn sie über Sie positive Meinungen posten. Es zahlt sich aus, denn diese Menschen haben viele „Freundinnen"/„Freunde", „Followers" und „Blogleser". Deren Wort wird gehört und weitergetragen. So multiplizieren sich die „Good News" über Ihr Hotel wie von alleine.

Zusammenfassend ist festzustellen, dass:

- Hotels mit jungen Gästen (z. B. Hostels) sich dem Thema SMM annehmen sollten,
- Hotels mit einer klaren Positionierung und Nischenprodukten (z. B. Themenhotels, Wellnesshotels, Designhotels) eine höhere Erfolgsaussicht im SMM haben, da die Identifizierung des Gastes mit dem Hotelprodukt eine hohe Rolle spielt und diese bei klar positionierten Hotels wesentlich höher ist,
- Hotels mit einem hohen Anteil an Gästen aus dem angelsächsischen Raum Facebook verwenden sollten und Hotels mit einem hohen Anteil an US-amerikanischen Gästen Twitter testen könnten.
- Bewertungsportale wie TripAdvisor oder HolidayCheck jedenfalls aktiv gepflegt und kontrolliert werden müssen. Sie sind für die Hotellerie die wichtigsten Medien im Web 2.0.

3.3.2 Definieren Sie Ihre Ziele und lernen Sie, welche Ziele Sie durch Facebook & Co. besonders gut unterstützen können!

Marketingziele haben sich immer nach den Gästen zu richten. Deshalb wollen wir uns im zweiten Schritt Ihrer SMM-Planung ansehen, wann und wo und warum der Gast während seiner Reise das Internet nutzt.

So lässt sich herausfinden, über welche Kanäle (!) der Gast sich diese Informationen holt. Und zwar vom Moment des Entscheidens „Ich mach einen Urlaub!“ über Momente wie „Ich mache einen Urlaub in...“, danach „Ich übernachte bei...“ bis zu dem Punkt des „Ich war in ... bei ... und habe ... und... erlebt“.

> ▶ Telefongespräche, Facebook-Meldungen, Twitter-Feeds, die Website, Fax, persönlicher Kontakt der Gäste mit Mitarbeiterinnen/Mitarbeitern, Ihr Briefverkehr, die Newsletter, E-Mail-Antworten, Buchungsformulare, Kontakte mit anderen Gästen (!) nennt man im Marketing die „Momente der Wahrheit“.
> Denn genau bei diesen „Begegnungen“ – egal, ob persönlich oder unpersönlich – entscheidet sich, ob Ihr Gast Ihr Hotel, ein Gastronomielokal etc. als positiv empfindet oder eben nicht. Sie müssen sprichwörtlich „Farbe bekennen“.
> Dennoch kann die Qualität all dieser Gespräche und Botschaften die Gästezufriedenheit nur selten steigern: Denn dafür ist letztendlich immer Ihr Produkt verantwortlich!
> Aber: Schlechte Gespräche und Botschaften können Ihren Gast auch bei einem guten Produkt unzufrieden werden lassen, wenn Sie nicht perfekt sind!

Wenn Sie dann wissen, wie Ihr Gast das Internet nutzt, können Sie entscheiden, welche Informationen Sie Ihrem Gast über welche Kanäle wann zur Verfügung stellen müssen, um seine Informationswünsche zu befriedigen, aber auch, um seine Ängste zu minimieren oder Vertrauen durch Gespräche zu schaffen. In der folgenden Abbildung zeigen wir auf einem Blick all diese Informationen. Sehen Sie sich an:

- Welche Informationsbedürfnisse Ihr Gast wann im Internet befriedigt haben will,
- Welche Ziele und Aufgaben sich für Ihr Online-Hotel-Marketing aus diesen Bedürfnissen ergeben,
- Welche Social-Software-Anwendungen zur Zielerreichung gut einsetzbar sind,
- Welche klassischen Internetanwendungen Sie bis jetzt schon dafür einsetzen konnten,
- Wo Facebook genau helfen kann, die Aufgaben Ihres Gästebeziehungsmanagements zu unterstützen.

Das Gästebeziehungsmanagement ist sozusagen das Werkzeug, das Ihnen als Unternehmerin/Unternehmer helfen soll, um vor allem eines zu erreichen: Den Gast zu binden! Aber auch, um ihn zu gewinnen oder wiederzugewinnen, wenn er Ihrem Hotel einmal untreu geworden ist.

Ein kleiner Ausflug in die Offline-Welt der Gästebeziehungen: Wie können Sie Ihren Gast binden?

Zum einen, indem Sie ihm finanzielle Anreize im Wiederkaufsfall anbieten wie bspw. einen „Stammgästerabatt". Oder Sie geben ihm eine Mitgliedskarte, die ihm auch finanzielle Vorteile bringt, wie bspw. „Miles & More". Diese Bindungen sind allerdings teuer bezahlt und führen nicht zu nachhaltigen Gästebindungen. Ihr Gast ist dann zwar gebunden, aber noch lange nicht verbunden!

Ein weitaus stärkerer Kleber ist die Gebundenheit. Diese ist nur durch Gästezufriedenheit in Kombination mit persönlichen oder sozialen Beziehungen zu erreichen. Ihr Gast kennt Sie und hat Vertrauen zu Ihnen. Sie machen Ihren Gast zum Botschafter Ihres Hotels oder der Urlaubsregion. Ihr Gast verabredet sich mit anderen Gästen in Ihrem Hotel und weil Sie dies erkennen buchen Sie ihnen gegenüberliegende Zimmer ein, und vieles mehr. Ist Ihr Gast öfter zufrieden, wird er loyal. Und nur ein loyaler Gast verzeiht auch einmal den einen oder anderen Fehler. Ihr Gast weiß: Sie und Ihre Mitarbeiterinnen/Mitarbeiter sind Menschen und „Irren ist menschlich!"

Doch nun werfen wir einen Blick auf die Reise Ihres Gastes und teilen diese in die verschiedenen Phasen ein. In jeder Phase hat Ihr Gast spezielle Bedürfnisse, die wir in den grafisch gestalteten Sterneformen beschrieben haben (Abb. 3.6).

In der (Tab. 3.9) stellen wir nun jene Ziele dar, die Sie als gästeorientierte/r Unternehmerin/Unternehmer verfolgen sollten. Die folgenden Empfehlungen für die Marketingziele basieren auf Untersuchungen unter Gästen. Den Empfehlungen für die Gästebeziehungsziele sind Untersuchungen unter Branchenkolleginnen /Branchenkollegen zu Grunde gelegt.

Dienste wie Facebook, Flickr oder YouTube können besonders in der Anregungsphase relevant sein. Die Lust auf Urlaub kann hier durch Bilder, Filme und positive Berichte von „Freundinnen"/„Freunden" geweckt werden. Es handelt sich sozusagen um Empfehlungsmarketing auf Destinationsebene. Virtual Communities wie Bewertungsportale

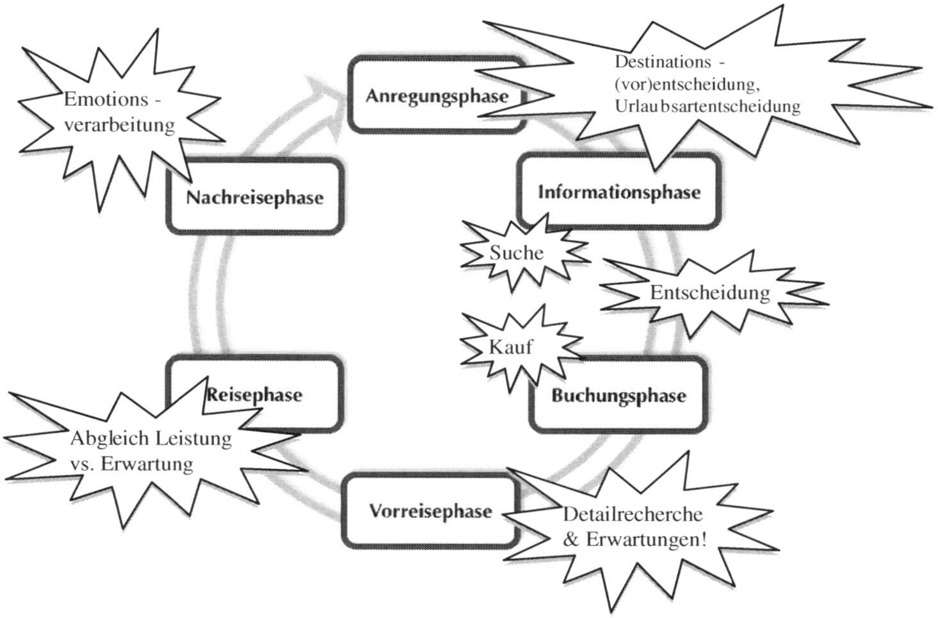

Abb. 3.6 Die Bedürfnisse Ihres Gastes während ihrer/seiner Reise

sind vor allem in der Informations- und Entscheidungsphase wichtig. Der Gast fühlt sich unsicher, da sie/er die Destination, das Hotel, weder angreifen noch kurz vorbeifahren kann, um es zu testen. Diese Unsicherheit versucht er durch das Lesen von Bewertungen und Reiseberichten zu verringern.

Während der Reise selbst werden mobile Dienste (iSki = Skikarten, Qype = Restaurantführer und Bewertungen, TripWolf = Reiseführer etc.) immer wichtiger.

Vor allem in der Nachreisephase kann Facebook im Hinblick auf die Festigung der Gästebeziehungen (z. B. über Fanseiten) einen wichtigen Beitrag leisten.

In der Folge zeigen wir am Beispiel von Facebook, da dieses OSN eine Fülle von Social-Software-Funktionen in sich bündelt (wie Chats, Videofunktionen, Micro-Blog u.v.m.), wie die Social-Software Ihren Gast in den jeweiligen Phasen seines Restaurantbesuchs konkret unterstützen kann. Außerdem wird gezeigt, wo die Social-Software Sie im Gästebeziehungsmanagement unterstützen kann, aber auch, wo sie dies nicht kann!

In der Anregungsphase können unterschiedliche Medien (online wie auch offline) und persönliche Erzählungen von Freundinnen/Freunden, Verwandten und Bekannten Aufmerksamkeit für ein bestimmtes Reiseziel oder eine Urlaubsart schaffen. Die Entscheidung für ein Hotel steht in dieser Phase in der Regel noch nicht an! Speziell im Zusammenhang mit OSN können beispielsweise Freundinnen/Freunde im Netzwerk des potenziellen Gastes eine Urlaubsanregung geben, indem die veröffentlichten Inhalte wie

Tab. 3.9 Social-Software entlang des Reisezyklus des Gastes. ✓ = Facebook aus Sicht des Hoteliers sehr gut geeignet. x = Facebook aus Sicht des Hoteliers weniger geeignet

Reise des Gastes:	Anregungsphase	Informationsphase	Entscheidungs- & Buchungsphase	Vorreisephase	Reisephase	Nachreisephase
Marketingziele:	Aufmerksamkeit im Destinationsverbund (!) erwecken	Aufmerksamkeit & Minimierung des gefühlten Kaufrisikos	Vertrautheit = Minimierung des gefühlten Kaufrisikos	Minimierung der gefühlten Kaufreue & Zusatzverkauf	Schaffung von Ver- und Gebundenheit & Vertrautheit	Wertschätzung zeigen & Wiederkauf & Vertrautheit
Marketingaufgaben:	Zusammenarbeit mit Destinationsorganisationen & Marketingkooperationen	Informationsbereitstellung & Sicherung der Informationsqualität & Präsentation	Bestätigung der Kaufentscheidung	Detailinfos bereitstellen & Dialog mit Gast & Service	Leistungserstellung lt. Gästeforderungen, Service = Produktkonfiguration	Dialog mit Gast auf- und annehmen
Aufgaben & Ziele des Gästebeziehungsmanagements:	–	x Interessenten-Management: Potenzielle Neugäste (= alle Personen, die die Destinationsentscheidung getroffen haben) gewinnen	x Interessenten-Management: Potenzielle Gäste gewinnen	✓ Neugäste-Management: Gewonnene Gäste festigen	✓ Gästebindungs-Management: Gäste stabilisieren	✓ Gästebindungs-Management: Stabile Gäste zum Wiederkauf animieren
					x Beschwerde-Management:Gefährdete Gäste binden	
						x Rückgewinnungs-Management: Verlorene Gäste wieder gewinnen
					x Beziehungsauflösungs-Management: Ungebetene Gäste abweisen	

(Fortsetzung)

Tab. 3.9 (Fortsetzung)

Reise des Gastes:	Anregungsphase	Informationsphase	Entscheidungs- & Buchungsphase	Vorreisephase	Reisephase	Nachreisephase
Beispiele geeigneter Kanäle im Web 1.0:	E-Mail	E-Mail, Hotelwebsites, Suchmaschinen, Destinationswebsites	E-Mail, Hotelwebsites, Reiseveranstalterwebsite, Online-Vertriebsplattformen, Hotelpreisvergleichsportale	E-Mail, Suchmaschinen, Hotelwebsites, Destinationswebsites, Websites von Leistungsträgern (Skischulen,…)		Newsletter, Einträge in Gästebücher auf Hotelwebsites
Beispiele geeigneter Kanäle im Web 2.0:	Facebook, Flickr, YouTube, Wikipedia, Twitter	Google Places, Reise- und Bewertungsplattformen (TripAdvisor, HolidayCheck, TripWolf,…)	Auf Bewertungsplattformen integrierte Buchungsplattformen wie auf HolidayCheck	Blogs, Twitter-Anfragen, Facebook-Fanseiten, Facebook-Messages, Skype	Smartphonenutzung von Geo-Diensten (LBS), Restaurantführern etc. und Informationsübertragung von Erfahrungen ins eigene soziale Netz	Bewertungsportale, Blogbeiträge schreiben, YouTube Filme hochladen, Flickr Fotos hochladen, Einträge auf Google Earth,…

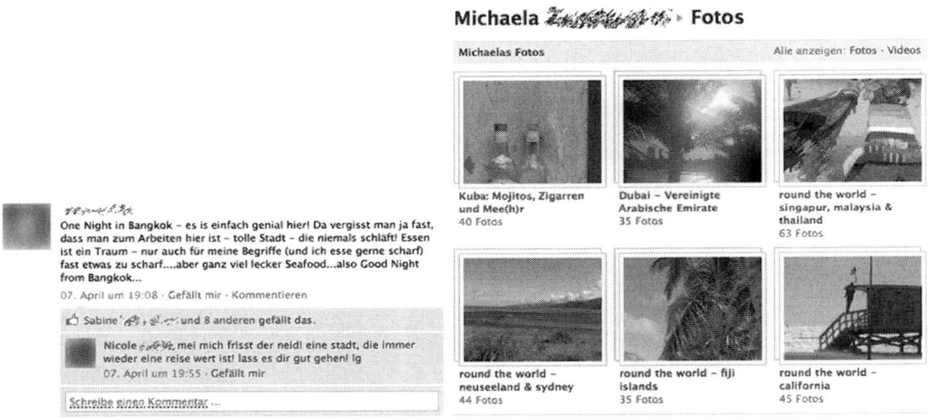

Abb. 3.7 OSN in der Anregungsphase: Statusmeldung einer Nutzerin bzw. Urlaubsfotos einer anderen Nutzerin

Reisekommentare, Bilder oder Videos ihrer Reise auf der Startseite angezeigt werden. So zeigt die Abb. 3.7 beispielhaft typische Statusmeldungen inkl. Reaktionen und Fotos von Reisen.

3.3.2.1 Interessentenmanagement

In der Informationsphase recherchiert der potenzielle Gast die nötigen Informationen, um z. B. im nächsten Schritt zu einer Buchung zu gelangen. Dabei steht ihm eine Fülle an On- und Offline-Informationsquellen zur Verfügung. Für die Online-Welt bspw. Suchmaschinen, Destinationswebsites, Websites von Hotels und Ausflugszielen, aber auch Web 2.0-Portale. Hier spielen Informationen anderer Internetnutzer mittlerweile eine große Rolle. Dafür werden zum Thema Reisen von den Gästen in allererster Linie VC gewählt (bspw. HolidayCheck). Rund 81 % aller Gäste nutzen derartige Bewertungsplattformen und Reisecommunities. Aber auch in OSN könnte eine/ein Reisende/Reisender die netzwerkinterne Suche nutzen, um zu sehen, welche (professionellen) Inhalte[1] (= Fanseiten) es zu interessanten Reisezielen bereits gibt. Leider tun dies derzeit noch vergleichsweise wenige potenzielle Gäste (etwa 3 % der Gäste, die auf OSN aktiv sind) (Abb. 3.8).

► Verknüpfen Sie den Fanseiten-Namen Ihres Hotels entweder mit der Destinationsbezeichnung, also etwa: „Hotel Steffisalp in Warth am Arlberg" oder mit dem USP Ihres Hotels, also etwa: „Sporthotel Steffisalp", um bei der Facebooksuche in der Informationsphase gefunden zu werden. Denn hier sucht der Gast nach Reisezielen und Reisethemen, um entsprechende Hotels zu finden.

[1] Nur nach diesen kann gesucht werden. Private Kommentare, Meinungen etc. bleiben privat und sind nicht recherchierbar.

Eine/Ein Nutzerin/Nutzer könnte in dieser Phase aber auch einfach eine Statusmeldung abgeben, indem sie/er ihr/sein privates Netzwerk nach Meinungen, Erfahrungen oder auch konkreten Empfehlungen zu einem Reiseziel fragt …

In der Entscheidungs- und Buchungsphase trifft der Gast auf Basis seiner recherchierten Informationen eine Entscheidung darüber, ob gebucht und verreist wird oder nicht, wohin gereist wird und darüber, welche Teilleistungen (oder auch ein Pauschalangebot) über welche Buchungskanäle gebucht werden. Hierbei unterstützen die/den Nutzerin/Nutzer im Web verschiedene Dienste der direkten und indirekten Distribution, wie beispielsweise Buchungstools auf den Websites von Hotels bzw. Fluglinien oder die Websites von Reisemittlerinnen/Reisemittler und Reiseveranstalterinnen/Reiseveranstaltern und Andere mehr.

Auf OSN wie Facebook ist zwar üblicherweise keine direkte Buchungsmöglichkeit integriert, jedoch kann auf die verschiedenen Buchungsmöglichkeiten hingewiesen und verlinkt werden.

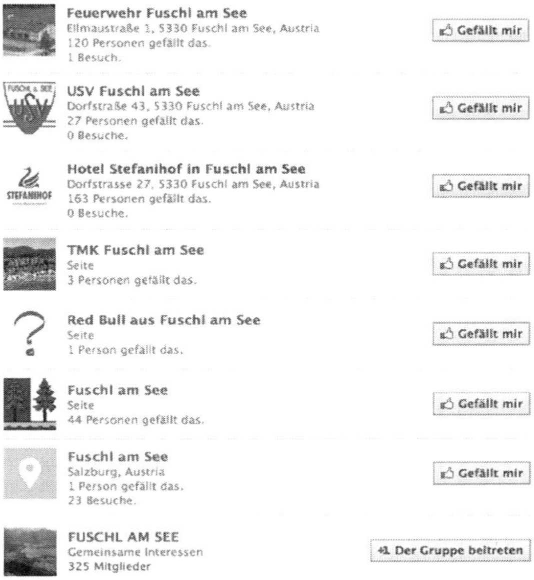

Abb. 3.8 OSN in der Informationsphase: Suchergebnis der netzwerkinternen Suche auf Facebook für den Sommerurlaubsort „Fuschl am See“

Warum nun aber wird über Facebook nichts verkauft, denn technisch gibt es ja schon entsprechende Lösungen (bspw. von BookAtOnce)? Branchenkolleginnen/Branchenkol legen berichten, dass die Preise und die Wartungsarbeit für eine solche Lösung noch in keiner Relation zum gemachten Umsatz stehen.

▶ Verweisen Sie direkt auf der Startseite Ihrer Fanseite auf das Buchungs- formular Ihrer Hotel- Website!

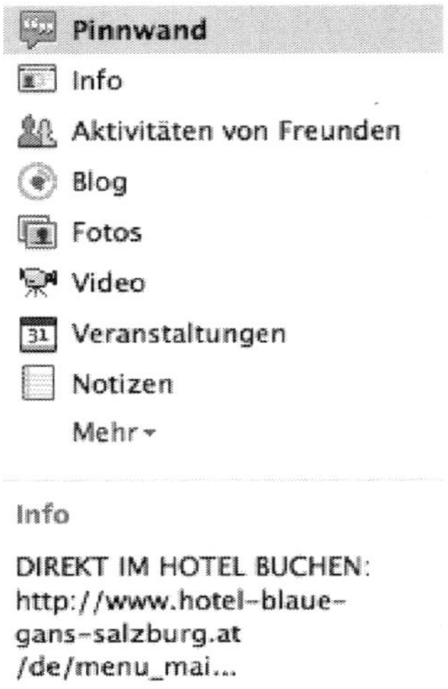

Der Gast kauft sehr selten über Facebook, denn dort ist er, um ihre/seine Freundinnen/ Freunde zu treffen, nicht aber, um Produkte, Dienstleistungen oder Reisen zu kaufen.

In der Entscheidungs- und Buchungsphase ist auch zu beachten, dass die Online-Versorgung der Nutzerinnen/Nutzer mit vertrauenswürdigen Informationen einen beträchtlichen Anteil an Offline-Buchungen bewirken kann und umgekehrt.

3.3.2.2 Neugäste-, Gästebindungs-, Beschwerdemanagement

Beim Interessentenmanagement, bei dem es darum geht, eine Beziehung zu initiieren, also erstmalig zu verkaufen, konnten HolidayCheck und TripAdvisor ihre Stärken im Web 2.0 ausspielen. Aus dem potenziellen Gast wurde nun durch die Buchung ein aktueller Gast. Mit diesem gilt es nun eine Beziehung aufzubauen, diese zu festigen und zu stärken. Das Gästebindungsmanagement beginnt. Und hier haben nun Facebook & Co. im Web 2.0 klar die Nase vorn.

- Neugästemanagement

In der Vorreisephase ist aus der/dem Interessentin/Interessenten nun durch die Buchung ein neuer Gast geworden.

▶ In dieser Phase hat Ihr Gast „Kaufreue"! Was ist das? Sie kennen das Gefühl von sich selbst, nach einem Kauf in gewisse Zweifel zu verfallen: Haben Sie auch den günstigsten Preis erzielt? Haben Sie vielleicht zu viel, zu wenig gekauft? Oder ein zu hochwertiges oder zu minderwertiges Hotel gebucht?
So können Sie Ihrem Gast diese negativen Gefühle nehmen: Schicken Sie Ihrem Gast mit der Reservierungsbestätigung Links zu Ihren positiven Hotelbewertungen und laden Sie ihn ein, sich auf Ihrer Fanseite direkt von Ihren Stammgästen Tipps für seinen Aufenthalt zu holen.

Vor dem Reisebeginn werden von dem neuen Gast für gewöhnlich ausführlichere Informationen zum Reiseziel eingeholt, bspw. Informationen zu einzelnen touristischen Partnerinnen/Partnern vor Ort (Museen, Skischulen, Theater,...), zur Infrastruktur vor Ort, zu Sehenswürdigkeiten oder zu Preisen und Terminen von Veranstaltungen. Hierfür werden wiederum Suchmaschinen, Destinationswebsites, Websites von Leistungsträgerinnen/Leistungsträgern und viele weitere Dienste des Web 2.0 vom Gast als Informationsquellen genutzt. Außerdem werden die Leistungsträgerinnen/Leistungsträger – also Sie – in dieser Phase gerne nochmals per E-Mail zwecks Detailanfragen kontaktiert.

Auf OSN sind hier wohl besonders Fanseiten des Reiseziels und Ihres Hotels geeignete Wege, den neuen Gast mit Informationen zu versorgen. Grundlage hierfür ist natürlich, dass der Gast die notwendigen Informationen auch findet und dass diese aktuell und ehrlich sind. Im Idealfall stammen die Informationen von anderen Gästen, welche die Destination oder das Hotel kennen, und andere Gäste beantworten konkrete Anfragen von Neugästen aus erster Hand. Veranstaltungen sind hier eine tolle Facebook-Funktion, um lokale Gästegruppen zu Events einzuladen, aber auch, um Urlaubsgäste über Zusatzangebote für den Zeitraum ihrer Urlaubsreise zu informieren. Tipp: Achten Sie daher bei der Wartung Ihrer Veranstaltungen auf Facebook darauf, diese früh genug einzustellen (ca. ein halbes Jahr im Voraus) (Abb. 3.9).

- Gästebindungs- & Abwanderungspräventionsmanagement

In der Reisephase bedient sich die/der Nutzerin/Nutzer, die/der nun Gast vor Ort ist, des Internets wiederum zur Suche von Detailinformationen und zur Kontaktaufnahme mit den zu Hause Gebliebenen. Veranstaltungen, Transportmittel vor Ort, Fahrpläne, Öffnungszeiten und Preise sind die in der Regel wichtigsten Informationen. Gleichzeitig teilen die Gäste bereits hier ihre Urlaubserfahrungen mit anderen unbekannten Nutzerinnen/Nutzern und persönlich mit ihren Verwandten und Bekannten. Sie veröffentlichen Fotos im Internet oder geben Feedback und Empfehlungen ab. Der Gast vergleicht seine Erwartungen an Ihr Hotel mit dem vor Ort Vorgefundenen und bewertet Sie unmittelbar, manchmal noch vor der Abreise, im Internet.

Während der Reise spielt die mobile Nutzung des Internets eine immer größere Rolle.

Wichtige Dienste sind hier sogenannte standortbezogene Dienste, im Englischen „Location Based Services" (LBS). Diese informieren den Gast mithilfe von GPS-Ortung über ihre/seine nähere Umgebung.

Abb. 3.9 Zwei mögliche verschiedenartige Nutzungen OSN in der Vorreisephase: Persönliche Frage einer Nutzerin an ihr Netzwerk bezüglich Vor-Ort-Tipps und Veranstaltungseinladung auf der Fanseite des „Stanglwirt"

Dienste wie Qype (Restaurantführer), Foursquare (ortsabhängige Tipps und Bewertungen von allem zu jedem in Verbindung mit ihrem/seinem persönlichen sozialen Netzwerk), Facebook Places[2] (ähnlich wie Foursqaure), TripWolf (Reiseführer), Scotty (Fahrpläne), Google Maps (Landkarten und Navigation), PeakAR (Berggipfelbestimmung), iAlps (Wanderkarten) u.v.m. sind kontinuierliche Reisebegleiter Ihres Gastes. Durch die neuerdings auf den Markt gekommenen, kostengünstigen Daten-Roaming-Pakete der Mobilfunkanbieter kann von einer Zunahme der Nutzung durch die Gäste ausgegangen werden.

▶ Hr. Burgschwaiger vom „Hotel Übergossene Alm" lässt sich von seinen Gästen von Zeit zu Zeit an der Hotelbar zeigen, welche Apps diese verwenden und erfährt so mehr über das mobile Internetverhalten seiner Gäste und die Bewertungen seines Hotels.

[2] Sehen Sie auf www.thomashutter.com/index.php/2010/10/facebook-facebook-places-eine-umfassende-ubersicht/, wie Sie Facebook Places für Ihr Hotel nutzen können.

Social-Software-Anwendungen wie Facebook sind über Apps für die Verwendung über iPhones, Android-Phones etc. optimiert. Dies gibt Ihnen bspw. die Möglichkeit, die Gäste sehr zeitnah zu informieren, wenn diese gerade nicht im Hotel, aber vor Ort sind. Laden Sie Ihre Gäste doch einmal in der Wintersaison über Ihre Fanseite (Pinnwand- und Veranstaltungseintrag) spontan gegen 15 Uhr in Ihre Hotelbar auf einen Gratis-Drink ein und erreichen so Zeit für Gespräche in Ihrem Haus (= Gästebindung) mit dem Nebeneffekt der Verlagerung des Konsums von der Schirmbar am Berg in Ihre Hotelbar (Abb. 3.10).

Was das alles mit Gästebindung zu tun hat? In erster Linie binden Sie den Gast mit der Produkt- und Dienstleistungsqualität in Kombination mit einem leistungsgerechten Preis an Ihr Hotel. In zweiter Linie indem Sie ihn über seine Erwartungen hinaus begeistern UND gleichzeitig mit ihm reden und ihm dabei auch zuhören. Denn nur so wissen Sie, was er sich erwartet und können darauf eingehen! OSN sind Plattformen, auf denen Sie erfahren können, was der Gast denkt und von Ihnen will. Wenn er vor Ort ist sogar sehr unmittelbar und evt. können Sie gleich darauf reagieren. Verhindern Sie so vorzeitig, dass Sie den Gast verlieren.

In der Nachreisephase steht die Weitergabe der eigenen Erlebnisse an andere im Mittelpunkt. Der Gast arbeitet die Reise innerlich auf und lässt sie ausklingen.

Hier sind besonders jene Dienste relevant, die es dem Gast ermöglichen, Bewertungen abzugeben und Inhalte wie Bilder oder Videos mit anderen zu teilen. Sowohl für Mitreisende als auch zur Information für zukünftige Reisende, Daheimgebliebene, Bekannte und Verwandte bzw. Freundinnen/Freunde. Einträge auf Google Earth, Feedback auf Hotelbewertungsplattformen wie HolidayCheck, TripAdvisor oder Bilder- und Videoportale wie Flickr oder YouTube sind nun beliebte Dienste. Stellen auch Sie als Hotelier Ihren Gästen Bilder von deren Urlaub zur Verfügung.

Abb. 3.10 OSN in der Reisephase: Facebook Places mit Restaurants und Freundinnen/Freunden in der Nähe

OSN ermöglichen es den Gästen sich selbst mit ihren Mitreisenden oder neuen Reisebekanntschaften, aber auch mit Ihnen als Gastgeberin/Gastgeber, zu vernetzen und ihre Reiseerlebnisse zu teilen. Diese Interaktionen rufen ein Gefühl von Zugehörigkeit hervor. Je mehr Gäste sich an der Community (= Ihre Fanseite) beteiligen und zum gemeinsamen Thema „Urlaub in… bei…“ diskutieren, umso interessanter und wertvoller erscheint sie den Mitgliedern. Und umso mehr Zeit und Engagement werden Ihre Gäste auf Ihrer Fanseite einbringen.

Die/der Nutzerin/Nutzer wird der Fanseite und damit Ihrem Hotel langfristig treu bleiben, sofern aus dieser Interaktion Emotionen wie Anerkennung und Gemeinschaft resultieren.

Die Emotionen müssen vor Ort bei der Reise aber auch real stattgefunden haben: Nur so können Sie dann in der virtuellen Welt immer neu entfacht werden. Bilder und Videos sind für Emotionen das Wichtigste! Zusätzlich bietet Ihnen die Vernetzung auf Facebook eine Möglichkeit die Gäste zur Abgabe von Bewertungen einzuladen (Abb. 3.11).

- Beschwerdemanagement

Kommt es trotz Ihres besten Bemühens einmal dazu, dass sich ein Gast beschwert, freuen Sie sich darüber! Sie können viel für die Zukunft lernen, wenn er Ihnen erzählt, was ihn verärgert.

Ein professionelles Beschwerdemanagement umfasst die Stimulierung, die Annahme, die Bearbeitung von Beschwerden und die Reaktion auf diese. OSN und VC können hier, ganz direkt gesagt, nichts beitragen. Versuchen Sie keinesfalls, Beschwerden in diesen öffentlichen Plattformen zu stimulieren oder dort direkt zu beantworten. Dies werden ohnehin Ihre Stammgäste übernehmen. Vor allem, wenn die Beschwerde ein Werturteil sein sollte (z. B. „fades Essen“) und keine Tatsachenbehauptung (z. B. „unrasiertes Servicepersonal“). Denn über Werturteile lässt sich bekanntlich trefflich diskutieren.

Abb. 3.11 OSN in der Nachreisephase: Einträge auf der Fanseite der „Falkensteiner“-Hotelgruppe und ein privates Urlaubsbilderalbum eines Urlaubers

Nehmen Sie lieber persönlich (Telefon, persönlich, E-Mail) mit dem Gast Kontakt auf, hören ihm zu, reagieren auf sein Anliegen direkt und unkompliziert und suchen langfristig eine Lösung des Problems, wenn es sich um ein Tatsachenproblem handelt, damit gleich oder ähnlich gelagerte Beschwerden nicht mehr auftreten können.

DANACH können Sie sich im OSN für die Beschwerde bedanken und anmerken, dass das Problem mittlerweile dank des Gastes behoben ist. Bei Werturteilen hat eine Beschwerde im OSN oder auf der VC auch den Vorteil, dass sie offensichtlich macht, wofür Ihr Hotel NICHT steht, und so falsche Zielgruppen fern hält. Sind Sie ein Kinderhotel und haben eine Beschwerde über Kinderlärm von einem kinderlosen Paar, wird dies bei Ihrer Zielgruppe keine negativen Auswirkungen haben.

3.3.2.3 Beziehungsauflösungs-, Rückgewinnungsmanagement

Ungebetene Gäste(gruppen) zu bitten, Ihr Hotel nicht mehr zu beehren, ist eine Angelegenheit, die Ihren persönlichen Einsatz fordert. Am besten im direkten Gespräch, sonst am Telefon. Erledigen Sie die Situation der Beendigung einer Gästebeziehung nicht übers Internet oder per Brief.

Sind Gäste verloren und wollen Sie diese retour haben, gilt es in erster Linie zu verstehen, was die Gäste vertrieben hat. Antwort auf diese Frage gibt es am besten in einem persönlichen Telefonat. Dieser Teilbereich ist kein SMM-Thema. Erheben Sie, wer schon länger nicht mehr kam, obwohl er zuvor des Öfteren bei Ihnen weilte und rufen Sie an. Dabei können Sie den Gast auch gleich motivieren wiederzukommen, indem Sie ihm Neuigkeiten und Verbesserungen im Angebot präsentieren. Falls der Gast das Haus verärgert verlassen hat, bedarf es auch einer persönlichen Entschuldigung, gepaart mit einem persönlichen Angebot (einmalige Preisreduktion, Zusatzleistungen wie Gratis-Wellnessanwendung,…), das dem Gast den Weg retour ebnet.

Stellt es sich heraus, dass mehrere Gäste aus dem gleichen Grund ausgeblieben sind, beheben Sie den Missstand und senden einen Newsletter, indem Sie auf die Verbesserungen eingehen und koppeln dies mit einem konkreten Angebot.

▶ Die Mitarbeiterinnen/Mitarbeiter an der Rezeption des „Hotel Stadthalle Wien" laden am Abreisetag jeden Gast via Facebook ein, Mitglied auf der Hotel-Fanseite zu werden. So können zielgerichtet bestehende Gäste angesprochen werden.

3.3.3 Definieren Sie Ihre Vorgehensweise zur Zielerreichung!

Das Wissen um die Zielgruppe im Zusammenspiel mit den gesteckten Zielen bildet im dritten Schritt Ihrer SMM-Planung die Grundlage für die Auswahl der geeigneten Vorgehensweise. Es geht um das „Wie will ich meine Ziele erreichen?". Wenn es zum Beispiel Ihr Ziel ist, mit SMM die Gästebindung zu unterstützen, dann könnte die geeignete Vorgehensweise sein, die bestehenden Gäste on- und offline zu motivieren, an den von Ihnen in OSN gestalteten Profilen wie etwa auf Ihrer Fanseite auf Facebook (aktiv) teilzunehmen. Ein weiterer Aspekt des „Wie will ich meine Ziele erreichen?" ist das konkrete Tun in den OSN oder VC selbst. Dies ist eine in den letzten Jahren vielfach beantwortete Frage. Wir zeigen Ihnen nun, wo Sie dies am besten nachlesen können. Erster Tipp: Der Leitfaden „Social Media für die Hotellerie" der ÖHV, den Sie über www.oehv.at/studien erhalten können, beschäftigt sich mit der Vorgehensweise in sozialen Netzwerken. Er hält die erfolgreiche Verhaltensweise in OSN in zehn „Goldenen Regeln" fest:

- Respektieren Sie den Geist des Internets!
  Die sozialen Netze sind nicht dazu gemacht, sie als Werbekanal oder zum Produktverkauf zu nutzen, sondern bilden eine Basis für Gespräche unter Menschen. Daher passen auch (Werbe-)Texte, die für Printmedien wie Kataloge geschrieben sind, nicht in soziale Netze. Über info@mmtext.at erhalten Sie bei Bedarf Schulungen zum Thema „Texten im Web". Legen Sie auf Facebook eine Fanseite an, denn diese ist für Unternehmen von der Gemeinschaft vorgesehen. Gruppen (= für gemeinsame Interessen) oder Profile (= für Einzelpersonen) sind dies nicht.
- Hören Sie zu!
  Lernen Sie, was die Menschen (zum Beispiel über Urlaube) denken und erzählen, indem Sie deren Profile ansehen und Kommentare lesen. Vor allem zu Beginn sollten Sie viel zuhören und lernen und sich nicht gleich mit Kommentaren und Status-Meldungen in den Vordergrund drängen.
- Erzeugen Sie Nutzen!
  Fragen Sie sich stets bei jedem Eintrag, Kommentar etc.: Welchen Mehrwert bietet dies – nicht für mich – sondern für die anderen im Netzwerk? Es sollte einen Grund geben, warum viele Ihrer Gäste den „Gefällt mir"-Button drücken. „Starbucks" hat acht Millionen Fans auf Facebook. Denn immer wieder gibt es Aktionen, wie Gutscheine, die den Facebook-Fans einen exklusiven (!) Vorteil bieten.
- Reagieren Sie schnell!
  Das Internet ist ein Medium, das keine Zeitverzögerungen erlaubt. Wie auch beim E-Mailen: Reagieren Sie schnell und antworten Sie ehrlich und ohne Zeitverzögerung. Vor allem: Antworten Sie konkret auf die gestellten Fragen und liefern Sie keine Informationen, die nichts mit den Anforderungen Ihrer Gäste zu tun haben.
- Beachten Sie die Regel „Geben und Nehmen" des gesellschaftlichen Zusammenlebens!
  Verhalten Sie sich sozial in den sozialen Netzwerken und helfen Sie anderen, indem Sie deren Fragen beantworten etc. Zeigen Sie sich sozial, indem Sie Geschichten erzählen, die nichts mit Ihrer Firma zu tun haben. Seien Sie sozial und erwarten Sie nicht eine Gegenleistung, ohne selbst Leistung für die Gemeinschaft erbracht zu haben.
- Teilen Sie Wissen von anderen und bieten Sie anderen eine Bühne!
  Posten Sie Links, Neuigkeiten, Interessantes Ihrer Gäste – auch Ihrer Mitbewerberinnen/Mitbewerber und Partnerinnen/Partner in der Destination. Schicken Sie gute Inhalte weiter. Dies gehört auch zur Beachtung der sozialen Regeln im Netzwerk und Sie werden nicht nur von den Gästen, sondern auch von anderen Firmen in der Region gut bewertet

werden. Außerdem nutzen Sie so Ihre Partnerinnen/Partner als Multiplikatoren Ihrer Inhalte und Ihres Wissens.

- Seien Sie ehrlich!
  Verkaufen Sie niemals (!) fremde Inhalte oder fremdes Wissen als Ihr eigenes! Und legen Sie keine fremden Identitäten, anonyme Profile oder ein gesondertes persönliches Profil für Ihre Firmenbelange an, um mit Ihren Gästen zu sprechen. „Es muss menscheln".
- Seien Sie authentisch!
  Wie bereits erwähnt, ist es wichtig, nichts vorzugaukeln, was Sie nicht erfüllen können. Denn dies weckt Erwartungen, die Sie nicht einlösen können. Und diese nicht erfüllten Erwartungen kommen als negative, für alle anderen Netzwerkteilnehmerinn en/Netzwerkteilnehmer einsehbare Rückmeldungen retour.
- Spammen Sie nicht!
  Behandeln Sie Ihre Zuhörerinnen/Zuhörer, also Ihre „Fans", so wie Sie behandelt werden wollen und seien Sie maßvoll mit Facebook-Status-Updates, Tweets und E-Mails. In der Regel müssen Sie darauf nicht extra achten, wenn Sie nur dann etwas mitteilen, nachdem Sie sich die Frage gestellt haben, welchen Nutzen es Ihren Gästen wirklich bringt, dieses oder jenes zu sagen. Das „Arthotel Blaue Gans" postet daher bspw. keine Mittagsmenüs mehr. Für Gäste, die zu Hause sind, hat dies keinen Wert und ist daher „Spam" und die, die vor Ort sind, können sich diese Information von der Website oder Offline bei Bedarf „abholen".
- Arbeiten Sie zusammen!
  Fragen Sie Ihre Mitbewerberinnen/Mitbewerber „offline", was diese schon erfolglos probiert haben und begehen den gleichen Fehler nicht nochmals. So schonen Sie eigene Nerven und die Nerven Ihrer „Fans".

Doch bevor Sie nun munter beginnen, in den sozialen Netzen mitzulesen und mitzureden, sollten interne Richtlinien für die Mitarbeiterinnen/Mitarbeiter Ihres Hotels bezüglich deren Verhalten in den sozialen Netzen aufgestellt werden. Neben Ihnen und Ihren Gästen sind es die Mitarbeiterinnen/Mitarbeiter, die wesentlich zum Ansehen Ihres Hotels im weltweiten Netz beitragen. In den Richtlinien sind u. a. Antworten auf die folgenden Fragen zu klären:

- Wie kann vermieden werden, dass Mitarbeiterinnen/Mitarbeiter durch ihr Handeln in den sozialen Netzwerken das Ansehen des Hotels indirekt schädigen?
- Wie kann erreicht werden, dass keine Betriebsinterna über die sozialen Medien nach außen getragen werden?
- Wie kann verhindert werden, dass Mitarbeiterinnen/Mitarbeiter ihren „Frust" über das eigene Hotel oder über die Gäste per soziale Netze nach außen tragen?

Praxisbeispiel

Mitarbeiterinnen/Mitarbeiter des „Arthotel Blaue Gans" richteten eine Mitarbeitergruppe auf Facebook ein, um die Kommunikation zwischen den Teams zu fördern und neue Mitarbeiterinnen/Mitarbeiter zu akquirieren. Außerbetriebliche Mitarbeiterinnen/

Mitarbeiter machten sich über Gäste lustig: Die Gruppe verkam zu einem Jammerforum. Die Lösung war die Entwicklung eines Social Media-Leitfadens für Mitarbeiterinnen/ Mitarbeiter und entsprechende Gespräche mit und zwischen den Mitarbeiterinnen/ Mitarbeitern, in denen die Einstellung zum Beruf angesprochen wurde.

Letztendlich können Sie durch die Richtlinien zwar kontrollieren, was Ihre Mitarbeiterinnen/Mitarbeiter während der Arbeitszeit auf Blogs, Twitter und Facebook nach außen tragen, aber nicht, was sie in ihrer Freizeit tun. Einen guten Leitfaden für Mitarbeiterinnen/Mitarbeiter hat „Wien Tourismus" erstellt. Dieser kann zur Ansicht via b2b.wien.info/media/files-b2b/social-media-guidelines.pdf aus dem Internet geladen werden. Tipps und Anregungen für Ihre Social-Media-Richtlinien bietet Ihnen der Leitfaden der WKO, herunterzuladen via: www.telefit.at/web20/wko-socialmedia-guidelines.pdf.

Sehr schnell ergeben sich im Umgang mit den sozialen Netzwerken rechtliche Fragen, wie etwa: Darf ich Schnappschüsse, die ich von meinen Gästen beim Grillabend im Hotelpark gemacht habe, einfach auf meine Facebook-Fanseite einstellen? Die Antwort: Nur mit Erlaubnis der Gäste, wenn deren Gesichter am Bild klar erkennbar, aber die Blicke nicht unmittelbar in die Kamera gerichtet sind. Ohne Erlaubnis, wenn es sich um Aufnahmen aus großer Entfernung handelt, bei der einzelne Gäste nicht identifizierbar sind. Oder wenn die Personen aktiv in die Kamera blicken und davon ausgegangen werden kann, dass ihnen bewusst ist, dass das Foto verwendet wird. Dennoch: Zur Sicherheit fragen! Ein guter, sehr praxisnaher Rechtsratgeber ist das Buch von Dr. Markus Kroner und Hrn. Thomas Reisenzahn mit dem Titel „Das Hotel und seine Gäste" (ISBN: 978-3707316995).

Das Handwerkszeug für Facebook (eine Fanseite anlegen, die Statistiken bedienen, Veranstaltungen anlegen, ein Gewinnspiel einrichten usw.) lernen Sie am besten online auf www.facebookmarketing.de oder auf www.thomashutter.com. Eine gute Anleitung für den Einsatz des Like-Buttons liefert die ÖW unter to.austria.info/fblike. Das Handwerkszeug für Twitter (twittern, retweeten, Twitter-Umfragen erstellen, usw.) lernen Sie am besten online auf business.twitter.com oder hier dirk-baranek.de/internet/twitter-fur-anfanger-so-kann-es-losgehen/. In der Videoanleitung www.youtube.com/watch?v=JgYgPI_-rfM lernen Sie, wie Sie zu mehr Followern kommen. Eine exzellente Online-Schulung mit Schulungsvideos in englischer Sprache für Facebook und Twitter ist auf www.lynda.com/Facebook-tutorials/social-media-marketing-with-and-twitter/47759-2.html kostenpflichtig verfügbar.

Video-Praxisbeispiel

Versuchen Sie im Video auch Emotionen zu transportieren und Gespräche mit dem Gast anzuregen wie in dem Video „Alm statt Alltag". Hier ist auch die Herausforderung der Mehrsprachigkeit in einem Film sehr elegant gelöst: www.youtube.com/watch?v=GcEjERsHqLg

3.3.4 Wählen Sie, die für Sie geeigneten Social-Software-Anwendungen aus!

Zielgruppen, Ziele und Vorgehensweisen sind in Ihrer SMM-Planung festgehalten. Im letzten Schritt der SMM-Planung geht es für Sie um die Frage: „Wo mitmachen?". Hier steht eine Unzahl an Social-Software zur Verfügung. Wir haben diesen Leitfaden stark an Facebook als Beispiel orientiert, da es als Universalgenie gilt und eine hohe Marktdurchdringung hat. Doch Vorsicht: Es kann für Ihre Zielgruppe und Ziele geeignetere Nischenanwendungen geben. Wir wagen mit Ihnen einen ersten Versuch der Einteilung. Es gibt…

- Multi-Media-Plattformen: Die wichtigsten sind hier flickr.com oder panoramio.com für Urlaubs-Fotos und youtube.com oder vimeo.de für Urlaubs-Videos. YouTube ist mittlerweile nach Google die zweitwichtigste Suchmaschine weltweit!
- Blogs und Micro-Blogs: Textlastige Veröffentlichung von Inhalten zu den Themen der Blogbetreiberinnen/Blogbetreiber. Bspw. der Blog des „Sporthotel Stock" auf www.stock24.tv zum Thema „Sport im Zillertal" oder über Twitter twitter.com/Hotel_Stock.
- Geschäftsnetzwerke: Auf xing.com oder linkedin.com treffen sich Geschäftsleute.
- Netzwerke zu gemeinsamen privaten Interessen: Es gibt unzählige Plattformen für bspw. Seglerinnen/Segler (yachtico.com), Autoliebhaberinnen/Autoliebhaber (clubgti.com),

Bücherbegeisterte (vorablesen.de), Katzenbesitzerinnen/Katzenbesitzer (mietzmietz.de), Spielbegeisterte (playfisch.com) und zu jedem anderen nur erdenklichen Thema.
- Netzwerke rund um Veranstaltungen: z. B. szene1.at oder upcoming.yahoo.com.
- Netzwerke für bestimmte Lebensphasen: Mütter (mamacommunity.de), Familien, Alleinerzieherinnen/Alleinerzieher (allein-erziehende.at), Ältere (50plus-treff.de), Partnersuche (friendscout24.de) u.v.m.
- Geschlechterspezifische Netzwerke: z. B. gofemin.de oder meanshealth.de.
- Standortbasierte Netzwerke: Google Places, Foursquare, Facebook Places, Qype, Yelp um nur einige zu nennen, deren Ziel es ist, dass sich Menschen untereinander leichter finden und Orte mit virtuellen Informationen versehen können. Zum Beispiel Bewertungen für Ihr Hotelrestaurant während des Essens am Mobiltelefon abgeben und sehen, ob jemand meiner Freundinnen/Freunde kürzlich auch hier war oder gerade hier ist.

Eine umfassendere Anzahl von Social-Software-Anwendungen am deutschsprachigen Markt zeigt die via www.ethority.de/weblog/2010/04/15/ herunterladbare Abbildung im Internet.

3.3.5 Messen Sie den Grad der Zielerreichung!

Von alleine sind die Ziele im SMM nicht zu erreichen. Auch hier gilt: „Ohne Ressourcen kein Erfolg" oder lapidar „Ohne Moos nix los"! Die Social-Software stellt eine große Herausforderung für die Messung der Zielerreichung dar.

Es gilt nicht mehr bloß Aktivitäten (Klicks, Umwandlungsraten, Verkaufszahlen, Verweise von anderen Websites etc.) im Internet zu zählen, sondern auch Inhalte und deren Wirkungen für Ihr Hotelgeschäft zu bewerten (Tab. 3.10).

▶ Klassische Werbemaßnahmen für ein Produkt oder Ihr OSN-Profil können in OSN in harten Zahlen gemessen werden: Bspw. ist es Ihr Ziel +500 Fans durch ein Offline-Gewinnspiel auf Ihre Fanseite zu bekommen.
Oder: Es ist Ihr Ziel 400 Videoabrufe aus Deutschland für Ihr Video, indem Sie charmant und mit einer lustigen Geschichte Ihre neue Wellnessanlage vorstellen, auf YouTube zu erreichen.
Oder Sie wollen die Personen, die über Facebook auf Ihre Hotelwebsite gelangen und danach dort ein Zimmer buchen um 20 % erhöhen.

Es gibt zwar diverse technische Werkzeuge,[3] die helfen Blogs, Foren, Twitter etc. nach Stichworten zu durchsuchen, doch sind sie zur Zeit nicht in der Lage, die Inhalte für Sie

[3] http://www.abnormalmarketing.com/2011/04/14-top-tracking-tools-for-your-social-media-stats/stellt die bekanntesten Werkzeuge vor.

Tab. 3.10 Mögliche Fragestellungen zur Evaluation der SMM-Aktivitäten

Ziele / Frageaspekte	Fragen	Antwortmöglichkeiten
Die Fragen nach der Basis eines erfolgreichen SMM, der **Gästezufriedenheit**, sollte in Ihrem Gästefragebogen nicht fehlen	Wenn Sie alle Produkte und Dienstleistungen berücksichtigen, die Sie von uns erhalten, wie zufrieden sind Sie dann insgesamt?	1 = sehr zufrieden, 2 = zufrieden, 3 = teils teils, 4 = weniger zufrieden, 5 = nicht zufrieden
	Bei Antwort 3, 4 oder 5 nachfragen: Was dürfen wir für Sie verbessern, damit Sie (sehr) zufrieden werden?	Offene Antwort
Die Fragen nach der **Weiterempfehlungsbereitschaft** (SMM = Empfehlungsmarketing!)	Werden Sie unser Hotel weiterempfehlen?	1 = sicherlich, 2 = wahrscheinlich, 3 = wahrscheinlich nicht, 4 = sicherlich nicht
	Bei Antwort 1 oder 2 nachfragen: Wie werden Sie uns weiterempfehlen?	1 = Persönlich bei Gesprächen, 2 = Via E-Mail, 3 = In Facebook, 4 = In einem anderen sozialen Onlinenetzwerk und zwar…, 5 = Durch eine positive Bewertung bei HolidayCheck, 6 = Auf einer anderen Bewertungsplattform und zwar…, 7 = Sonstiges und zwar…
	Bei Antwort 3 oder 4: Warum nicht?	Offene Antwort
Die Frage nach der **Wiederkommensabsicht** (Ziel aller Gästebindungsmaßnahmen wie auch SMM)	Werden Sie beim nächsten Mal wieder in unserem Hotel buchen?	1 = ja, 2 = nein

(Fortsetzung)

Tab. 3.10 (Fortsetzung)

Ziele / Frageaspekte	Fragen	Antwortmöglichkeiten
Detailfragen zur Verbesserung Ihres **Facebook**-Engagements:	Kennen Sie unsere Facebook-Fanseite?	1 = ja, 2 = nein
	Sind Sie Fan auf unserer Fanseite?	1 = ja, 2 = nein
	Wenn Antwort 2: Warum nicht?	Offene Antwort
	Wie oft besuchen Sie in etwa unsere Fanseite?	1 = täglich, 2 = wöchentlich, 3 = monatlich, 4 = seltener, 5 = nie
	Welche Inhalte sind Ihnen auf unserer Fanseite wichtig? (Bitte kreuzen Sie die 4 wichtigsten an)	1 = Angaben zu Kategorie, Ausstattung & Lage des Hotels, 2 = Beschreibungen von Sehenswürdigkeiten in der Umgebung, 3 = Informationen zu in der Umgebung oder bei uns stattfindenden Veranstaltungen, 4 = Texte anderer Fans, 5 = Bilder oder Videos anderer Fans, 6 = Die Möglichkeit, sich mit anderen Fans auszutauschen, 7 = Die Möglichkeit, selbst Inhalte hinzuzufügen, 8 = Die Möglichkeit, mit uns in Kontakt zu treten, 9 = Eine direkte Buchungsmöglichkeit, 10 = Die Möglichkeit, durch Facebook-Newsletter über aktuelle Angebote informiert zu werden, 11 = Gewinnspiele, 12 = Texte, Bilder, Videos, die wir selbst bereitstellen.
Testen Sie, ob die geeigneten **Social-Software-Anwendungen** ausgewählt sind:	Welche der angeführten Online-Dienste nutzen Sie?	Alle Netzwerke, die für Ihre Zielgruppe relevant sind (vgl. Abschn. 3.3.4), abfragen und die Gäste ankreuzen lassen: 1 = Verwende ich, 2 = Kenne ich, verwende es aber nicht, 3 = Kenne ich nicht

zu interpretieren. Die Fragen: „Ist das Analysierte gut für uns oder ist es schlecht?" und „Wenn es gut ist, wie können wir es unterstützen, und wenn es schlecht ist, wie können wir es beeinflussen?" beantworten diese Werkzeuge nicht. Die Aufgabe der Wertung liegt letztendlich bei Ihnen.

Auch die Feststellung der Anzahl der Fanseiten-Mitglieder, der Anzahl der Seitenaufrufe oder der hinterlassenen Kommentare bringt Sie hier nicht wesentlich weiter, denn was sagen diese Werte über das Ziel, Gäste zu binden, oder das Ziel, Social-Software zur Unterstützung des Empfehlungsmarketings einzusetzen, aus?

So nebenbei: Natürlich können es nie genügend Fans sein! Eine Form der Zahlenauswertung, nämlich die Daten zu Alter, Geschlecht und Herkunft der erreichten Zielgruppe ist auf Facebook jedenfalls beachtenswert: Testen Sie bitte, ob Ihre „Fans" auch der Zielgruppe Ihres Hotels entsprechen.

Das beste Instrument, nach der Wirkung Ihrer Social-Software-Aktivitäten zu fragen ist nicht neuartig, aber nicht weniger wirkungsvoll: Der gute alte Gästefragebogen! Positiver Nebeneffekt: Sie machen mit Hilfe des Gästefragebogens Ihre Gäste darauf aufmerksam, wo sie im Internet Ihr Hotel weiterempfehlen könnten. Hier einige Fragen, die Ihnen helfen, Ihr SMM zu bewerten und zu verbessern:

Neben dem Gästefragebogen sind auf Ihrer Facebook-Fanseite selbst folgende Werte entscheidend, wenn es darum geht zu „messen", wie erfolgreich Ihr Engagement ist. Messen Sie zum einen die Veränderungen dieser Werte pro Zeitperiode und zum anderen vergleichen Sie diese Werte mit denen Ihrer/Ihres besten Mitbewerberin/Mitbewerbers:

- Entsprechen die Fans meiner Zielgruppe (Interessen, Soziodemographie)?
- Wie lange sind die Beiträge und Kommentare, welche die Fans auf meiner Fanseite posten?
- Werden kritische Anmerkungen, sofern vorhanden, auch von anderen Fans entschärft oder ist die Antwort auf diese Kommentare immer nur mir vorbehalten?
- Werden Bilder oder Videos von meinen Fans hochgeladen?
- Welche Reichweite haben meine Fans (= Summe der Anzahl aller Freundinnen/Freunde all meiner Fans)?

3.3.6 Checkliste: Wie Sie die geeignete Social-Media-Marketing-Agentur finden

Nicht jede/jeder, die/der selbst einen Twitter-Account hat, ist gleich eine/ein kompetenter Beraterin/Berater! Wir zeigen Ihnen, worauf Sie bei der Auswahl Ihrer Agentur achten sollten: (Tab. 3.11)

Tab. 3.11 Checkliste „Die kompetente Social-Media-Internet-Agentur"

Kriterium	+	–
Online-Auftritt	Authentischer Auftritt und echte Online-Interaktion (Skype-Button, Gefällt mir-Button, Oftmals kommentierter Blog usw.)	Agentur hat keinen Internetauftritt oder Internetauftritt ohne Web 2.0-Integration
Reaktionen auf bestehende SMM-Aktionen in Branchenblogs	Agentur antwortet auf Marketingaktionen mit gutem Echo in Foren, Blogs etc. Werden die Reaktionen positiv von anderen Agenturen kommentiert?	Kein Echo oder negatives Echo mit negativen Reaktionen
Strategie	Entwickelt eine maßgeschneiderte Vorgehensweise Schritt für Schritt – wie in diesem Leitfaden gezeigt	Kommt mit fertigem Konzept von der Stange
Versprechen	Warnt vor Risiken und zeigt die Herausforderungen, aber auch die Möglichkeiten auf. Die Ziele sind realistisch wie bspw. langfristige Gästebindung oder Beitrag zur Suchmaschinenoptimierung	Verspricht schnelle Erfolge wie Umsatzsteigerungen etc.
Leistungen	Sieht sich als externer Berater und schult interne Mitarbeiterinnen/ Mitarbeiter	Versucht möglichst viele Leistungen zu verkaufen und auch interne Aufgaben (Wartung etc.) zu übernehmen
Transparenz	Agentur lässt sich in die Karten schauen und schult Sie, wie Sie die Agentur mit Erfolgskennzahlen überprüfen können	Liefert keine nachvollziehbaren und transparenten Erfolgsmesskriterien oder für SMM weniger relevante wie Anzahl der Fans etc.

Fachlexikon und Glossar

4

Wir erläutern im Folgenden nun noch einige Technologien und Begriffe, die Ihnen im Verlauf dieses Leitfadens fortwährend begegnen.

4.1 Facebook, Google+, Twitter & Co. ist Bestandteil des Web 2.0

Facebook und Twitter sind Technologien des Web 2.0. Durch den Zusatz 2.0 lässt sich erkennen, dass es davor eine andere „Version" des Internets gegeben haben muss – das Web 1.0. Das Web 1.0 besteht in erster Linie aus untereinander verlinkten Dokumenten, die von einigen wenigen Autorinnen/Autoren für eine breite Masse publiziert werden. Im Gegensatz dazu kann das Web 2.0 als das Web der Softwaretechnologien gesehen werden, die eine Beteiligung von vielen Publizisten/Publizistinnen ermöglichen. Die so entstehenden vielfältigen Inhalte können glz. durch viele Konsumenteninnen/Konsumenten leicht weiter verlinkt, und somit einfach vervielfältigt, werden.

Beide Web-Varianten bestehen zeitgleich, neben- und miteinander, und unterscheiden sich auch nicht allzu sehr, da das Internet schon von Anbeginn an mit Vernetzung und Kommunikation sowie dem Austausch von multimedialen Inhalten zu tun hatte wie bspw. dem E-Mail-Dienst oder Usenetgruppen – den Vorläufern der Virtual Communities. Das Web 2.0 erleichtert es uns Internetnutzern nur noch etwas. Auch die nächste Version des Webs, das Web 3.0, steht als Idee schon vor der Tür. Hier soll dann die Bedeutung von Informationen für Computer verwertbar gemacht werden, so dass dieser bspw. zwischen der Bedeutung der Bank als Geldinstitut oder der Bank als Sitzgelegenheit unterscheiden kann. Es gibt allerdings noch keine entsprechenden Technologien bzw. Umsetzungen für das Web 3.0.

Oftmals ist vom Social Web die Rede, und dies wird mit dem Begriff Web 2.0 gleichgesetzt. Jedoch stimmt dies so nicht ganz, denn es handelt sich beim Social Web letztlich

T. Hinterholzer, *Facebook, Twitter und Co. in Hotellerie und Gastronomie*,
DOI: 10.1007/978-3-642-37954-3_4, © Springer-Verlag Berlin Heidelberg 2013

um einen Teilbereich des Web 2.0, und zwar um jenen der Unterstützung sozialer Strukturen und Interaktionen über das Netz durch Software.

4.2 Facebook, Google+, Twitter & Co. sind bestimmte Arten von Social-Software-Anwendungen

Das Social Web besteht also aus der Gesamtheit an Social-Software, damit sind die einzelnen Anwendungen – wie auch Twitter und Facebook – gemeint. Social-Software-Anwendungen können sich in zwei ganz große, aber für die Bewertung der Relevanz für die Hotellerie noch zu grobe Gruppen klassifizieren lassen:

- Social-Software, bei welcher die Kommunikation im Vordergrund steht und in der Regel nicht für Dritte sichtbar aufgezeichnet und dauerhaft abgespeichert wird (bspw. Windows Live Messenger, Skype, Facebook-Chat etc.) und
- Social-Software, bei der zwar auch kommuniziert wird, aber auch Inhalte im Mittelpunkt stehen, die von den Teilnehmerinnen/Teilnehmern erstellt oder zumindest in irgendeiner Art und Weise angereichert werden. Diese Inhalte werden zumeist User Generated Content genannt, deren Summe dann als Social Media bezeichnet wird. Hier steht der Gedanke des sozialen Austauschs im Vordergrund (bspw. Facebook-Pinnwand-Einträge, Wikipedia, Diskussionsforen etc.).

In Tab. 4.1 soll die Social-Software nach Anwendungsklassen eingeteilt werden, um so Facebook und Twitter erstmalig zuordnen und von anderer Software abgrenzen zu können.

Wird abgefragt, welche Social-Software-Nutzung bei den Internetnutzern am beliebtesten ist, erhält man folgende Reihenfolge:

1. Online Videos ansehen
2. Online Musik anhören
3. Das Profil einer/eines Freundin/Freundes auf einer OSN-Seite ansehen
4. Blogbeiträge lesen
5. Das eigene Profil auf einer OSN-Seite warten
6. Ein Profil auf einer OSN-Seite anlegen
7. Einen Kommentar zu einem Blogbeitrag verfassen
8. Fotos auf eine Foto-Sharing-Plattform hochladen
9. Einen eigenen Blogbeitrag verfassen oder einen Blog anlegen
10. Ein Video auf eine Video-Sharing-Plattform hochladen

Das Besuchen von Profilen auf OSN gehört also nach dem Ansehen von Videos und dem Hören von Musik noch vor dem Lesen von Blogs zu der drittbeliebtesten Aktivität im

Tab. 4.1 Social-Software-Anwendungen im Überblick

Social-Software Klasse:	Beschreibung der Anwendung:	Beispiele:
Weblogs und Micro-Blogs	Editoren zum Erstellen von persönlichen Journalen zu unterschiedlichsten Themen.	blogger.com / twitter.com
Wikis und Gruppeneditoren	Programme zur gemeinsamen Erstellung und Editierung von Texten bzw. Artikeln.	wikipedia.at
Social Sharing	Das ist der Tausch und die Bereitstellung von digitalen Inhalten wie Videos, Podcasts, Bilder, Musik, Präsentationsfolien oder Bookmarks.	youtube.com / podcastalley.com / flickr.com / slideshare.net / deliciou.us
Online Social Networking (OSN)	Anwendungen, die dem Aufbau und der Pflege von Beziehungen und Netzwerken im Web dienen. Hier steht das Vernetzen an sich im Vordergrund.	facebook.com / plus.google.com / hyves.nl / qq.com / lokalisten.de / wer-kennt-wen.de / meinvz.net
Virtual Communities (VC) bzw. Travel Communities	Anwendungen, in der sich Nutzerinnen/Nutzer treffen und zu einem bestimmten gemeinsamen Interesse austauschen. Hier steht das gemeinsame Thema im Vordergrund. Die angeführten Beispiele haben alle das gemeinsame Thema „Reisen", wodurch sie auch Travel Communities genannt werden.	IgoUgo.com / virtualtourist.com / gusto.com bootsnall.com / tripadvisor.de / holidaycheck.de / ab-in-den-urlaub.de / globalzoo.de / trivago.de
Virtual Groups	Eine Virtual Community innerhalb eines Online Social Networks, welches aber zusätzlich zur Virtual Community an sich noch die Zutrittsbarriere der Registrierung oder Einladung durch eine/einen Moderatorin/Moderator aufweist.	Diskussionsgruppen zu Spezialthemen auf xing.com
Bewertungsportale	Anwendungen, die es erlauben Produkte und Dienstleistungen auf Basis der Bewertungen (von Nutzerinnen/Nutzer) zu suchen.	holidaycheck.de / tripadvisor.com / tripsbytips.de
Instant Messaging	Verschiedene sogenannte Messenger-Programme, die es zwei oder mehreren Benutzerinnen/Benutzern ermöglichen, gemeinsame private Unterhaltungen zu führen.	skype.com / Windows Live Messenger
Preisvergleichsseiten	Programme, die es der/dem Nutzerin/Nutzer ermöglichen, Produkte und Dienstleistungen auch nach Preisen zu vergleichen.	trivago.de
C2C-Handel	Programme, die es ermöglichen, dass Internetnutzer untereinander Waren kaufen und verkaufen können.	ebay.at
Weitere Social-Software-Konzepte wie Social Tagging, RSS, Newsfeeds, Mashups, Social Gaming, Open Source Software, Cloud Computing,…		

Web 2.0. Generell ist es so, dass im Web 2.0 – ähnlich wie im Web 1.0 – Inhalte öfter passiv konsumiert als aktiv produziert werden.

4.3 Facebook, Google+, Twitter sowie TripAdvisor: Vielfach in einem Atemzug genannt, jedoch wesentlich unterschiedlich

Eine sehr wichtige Unterscheidung für die betriebliche Verwendung im Hotel-Online-Marketing, welche leider nur allzu selten gemacht wird, besteht in der Unterscheidung zwischen virtuellen Gemeinschaften (Virtual Communities bzw. VC) und sozialen Online-Netzwerken (Online Social Networks bzw. OSN).

Während in OSN (bspw. auf facebook.com) die in der Gesellschaft vorhandenen Bekanntschafts-, Verwandschafts-, Freundes- oder Berufsbeziehungsnetzwerke virtuell abgebildet werden, ohne dass dabei das OSN für sich selbst ein Ziel oder ein Thema hat, ist es bei virtuellen Gemeinschaften so, dass gemeinsames Wollen und Wissen, meist zu einem bestimmten gemeinsamen Thema, entwickelt wird und Erfahrungen geteilt werden.

Diese beiden unterschiedlichen Ziele münden in verschiedene Stärken der Gemeinschaften aus Sicht der Nutzerinnen/Nutzer. Und die/der Nutzerin/Nutzer unterscheidet bei ihrem Surfverhalten sehr genau zwischen VC und OSN und auch weiteren Social-Software-Anwendungen – je nachdem, warum sie/er wann mit welchem Informationsbedarf ins Internet einsteigt. Wenn Sie wissen, WOFÜR die/der Nutzerin/Nutzer WANN welche Social-Software-Anwendungen nutzt, können Sie diese auch mit entsprechenden Inhalten beliefern und Ihre Kommunikation zielgerichtet steuern.

- Facebook als OSN kann Ihnen als Hotelier vor allem in der emotionalen Anregungsphase helfen. Im Schnitt ist dies ein halbes Jahr bevor der Gast im Hotel einlangt, noch bevor er sich näher zu seiner Reise informiert oder das Hotel bucht. Und wieder nachdem der Gast Ihr Hotel verlassen hat, in der Nachkaufphase, wenn er zu Hause seinen Urlaub emotional ausklingen lässt. Rund 10 % der Gäste mit Internetzugang nutzen derzeit in diesen beiden Phasen OSN wie Facebook oftmals, ohne jedoch konkret Bewertungen für bestimmte Produkte abzugeben – Tendenz steigend! Twitter wird von den Gästen als Micro-Blog dzt. etwa ähnlich wie Skype in der Phase der Einholung von Detailinformationen verwendet, also kurz vor dem Buchen, um dem Betrieb direkt Fragen zu stellen. Rund fünf Promille der Gäste mit Internetzugang nutzen diese Möglichkeit mit Twitter. Hier ist die Nutzungstendenz unter Fachleuten noch heiß diskutiert.
- VC wie ab-in-den-urlaub.de oder holidaycheck.de helfen Ihnen als Hotelier in der Informationsphase, wenn der Gast sich Informationen zu seinem Urlaubsort, zu seiner Unterkunft, zu möglichen Urlaubsattraktionen und/oder Restaurants einholt. Er vergleicht Hotelpreise, Bewertungen von Hotels und bucht auf Basis dieser Informationen, die er häufig aus VC erhält. Viele Gäste nutzen die VC auch in der Nachkaufphase, um

die konsumierten Leistungen zu bewerten, also konkrete Empfehlungen abzugeben. 81 % der Gäste mit Internetzugang nutzen diese derzeit!

4.4 Facebook, Google+ und Twitter unter der Lupe

4.4.1 Facebook

Unter dem Begriff Facebook werden Bücher verstanden, die nach amerikanischer Tradition Bilder der College-Community enthalten und an Studentinnen/Studenten ausgegeben werden. Am ehesten sind diese noch mit Jahresberichten an europäischen Schulen zu vergleichen.

Facebook, ursprünglich als TheFacebook.com online, hat diese Tradition digitalisiert und um zahlreiche Funktionen erweitert. So bietet die Facebook-Plattform bspw. seit Mai 2007 allen Nutzerinnen/Nutzern die Möglichkeit, eigene Programme zu erstellen, die mit Facebook interagieren. Somit werden bei Facebook nicht nur Inhalte durch die Community erstellt, sondern auch technische Funktionalitäten der Plattform an sich programmiert.

Das OSN Facebook kann als Social-Web-Portal bezeichnet werden. Es hat vielfältige, über typische OSN-Funktionen[1] hinausgehende Nutzungsmöglichkeiten: E-Mail,[2] Instant Messaging,[3] Erstellung von und Beitritt zu Interessensgruppen[4] oder Firmenwebpages,[5] Blog-Funktion,[6] Video- und Fotoaustausch á la YouTube und Flickr, Timeline á la Twitter,[7] Kommentierungs- und Bewertungsmöglichkeiten[8] zu nahezu jeglichen Interaktionen im Netzwerk, Erstellung einer persönlichen Pinnwand, Programmierung von eigenen Programmen, Schaltung von Anzeigen,[9] ortsabhängige OSN-Funktionen[10] u.v.m. Es ist mittlerweile das bedeutendste Netzwerk seiner Art, da es in nahezu allen westlichen Ländern Marktführer ist. Zur Illustration dieser Tatsache zeigen die folgenden Grafiken die Marktanteile sowie die Nutzungshäufigkeiten Facebooks in Deutschland (Abb. 4.1, 4.2):

---

[1] Dies sind: Das Anlegen eines persönlichen Profils mit multimedialen Informationen zur und rund um die Person, das Verknüpfen des eigenen Profils mit dem Profil von „Freundinnen"/„Freunden", nach denen auch gesucht werden kann. Es erfolgt so die Veröffentlichung des persönlichen Netzwerkes.

[2] Dieser Dienst heißt „Messages"/„Nachrichten" auf Facebook.

[3] Diese Funktion heißt „Chat" auf Facebook.

[4] Diese heißen „Groups"/„Gruppen" auf Facebook.

[5] Diese heißen „Like-Pages", „Fan-Pages"/„Fanseiten" auf Facebook.

[6] Diese heißt „Notes"/„Notizen" auf Facebook.

[7] Diese heißt „News-Feed"/„Neuigkeiten" auf Facebook.

[8] Das geschieht mittels „Like-Buttons"/„Gefällt-mir-Buttons" auf Facebook.

[9] Auf dem sogenannten Facebook-„Marketplace".

[10] Dieser Dienst heißt Facebook-„Places".

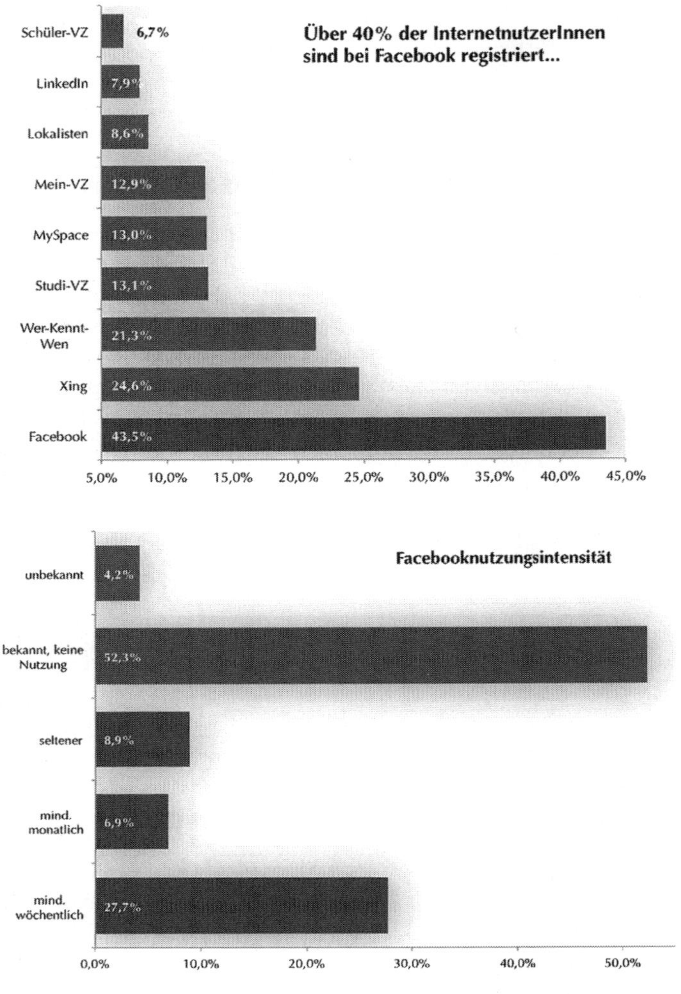

Abb. 4.1 OSN-Marktanteile und Nutzungshäufigkeit in Deutschland

Elemente, welche den Erfolg von Facebook begründen, sind:

- Wie beschrieben, die All-in-One-Funktionalität: „Facebook is ReUnion, LinkedIn, Yahoo! Personals, Flickr and Twitter all in one.“
- Das einfache Design: Die bedienerfreundliche Benutzeroberfläche von Facebook, die im Vergleich zu anderen OSN weniger Werbung enthält.
- Die breite Zielgruppe: Obwohl Facebook als Alumni-Netzwerk begann, konzentriert es sich nicht auf eine bestimmte Zielgruppe wie viele andere OSN. SchülerVZ konzentriert sich bspw. auf Schülerinnen/Schüler, StudiVZ konzentriert sich auf Studierende, BeBo auf junge Erwachsene, LinkedIn oder XING auf Geschäftskontakte.

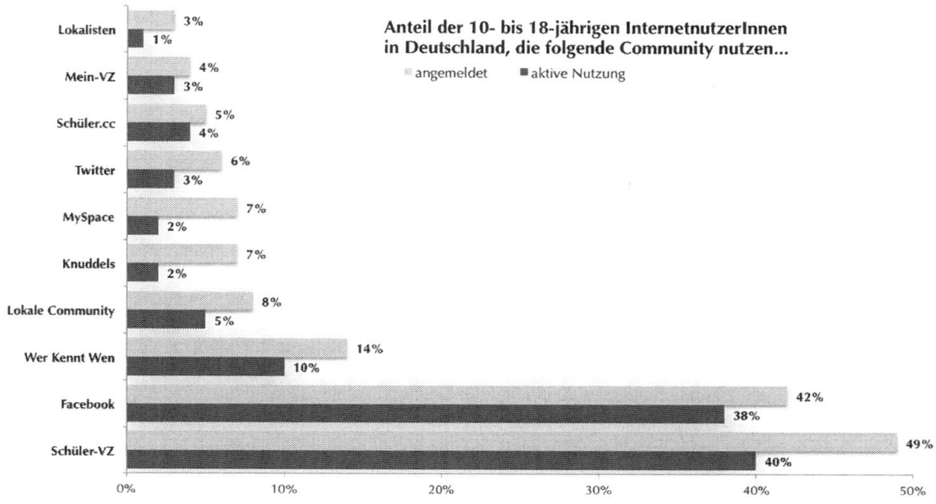

Abb. 4.2 OSN-Marktanteile und Nutzungshäufigkeiten unter Jugendlichen in Deutschland

- Der Fokus auf Vernetzung: Im Gegensatz zur Konzentration auf Unterhaltung oder Information bei vielen OSN steht bei Facebook die Vernetzung im Mittelpunkt. Hier werden unterschiedliche Absichten in der Vernetzung unterstützt, z. B. das Finden alter Freundinnen/Freunde, das Knüpfen von Geschäftskontakten, Dating, das Publizieren von Bildern (die getagt werden können und daher vernetzend sind) oder Statusnachrichten.
- Die Architektur der Plattform: Einfallsreiche Funktionen (wie Applikationen von externen Firmen,[11] Einlade- und Anforderungsfunktionen) und die offene Architektur – besonders mit der Grundidee, die Plattform für Entwicklerinnen/Entwickler von Applikationen zu öffnen – steigern die Mund-zu-Mund Propaganda und die Einbeziehung der Benutzerinnen/Benutzer.
- Die Privatsphäre-Optionen: Facebookbenutzer haben mehr und feinere Steuerungsmöglichkeiten, für wen welche Inhalte auf dem eigenen Profil (innerhalb und außerhalb des Netzwerks) sichtbar sind. Mit diesen Privatsphäre-Optionen gibt Facebook seinen Benutzerinnen/Benutzern mehr Einfluss als andere OSN, bei denen Inhalte oft auch für Nicht-Mitglieder der Plattform zugänglich sind.
- Die hohe Medienpräsenz: Der frühe Markteintritt von Facebook hat durch eine große Anzahl an kostenlosen Medienberichten wesentlich zur Bekanntheit und zum Erfolg der Plattform beigetragen.

[11] So wurde das Spiel „Farmville“ der Fa. Zynga etwa von 80 Mio. Menschen auf Facebook gespielt.

Soviel zu Facebook selbst, dass dieser Tage mit Google+ eine neue starke Mitbewerberin/einen neuen starken Mitbewerber bekommen hat.

Wollen wir nun den Blick auf seine Nutzerinnen/Nutzer richten: Facebooknutzer sind nicht nur am zahlreichsten, sondern sie verbleiben auch mit ca. sechs Stunden pro Monat und 17 minuten pro Sitzung am längsten im OSN und kehren mit knapp 20 mal pro Monat am regelmäßigsten wieder (Tab. 4.2, Abb. 4.3):

In Österreich nutzen mit Stand Ende September 2010 ca. 2,5 Mio. Personen Facebook. Bei den 2,5 Mio. Facebooknutzern handelt es sich um rund 30 % aller Österreicherinnen/Österreicher, die zumindest 13 Jahre alt sind. Betrachtet man die Nutzerinnen/Nutzer nach Alter und Geschlecht, ergibt sich folgendes Bild (Abb. 4.4):

Aufgrund der Dynamik der Nutzerzahlen von Facebook sei hier für jeweils aktuelle Zahlen für Österreich auf das „Social Media Radar Austria" verwiesen, jederzeit abrufbar unter: socialmediaradar.at/facebook.php.

Tab. 4.2 Nutzungsdauer und Anzahl der Sitzungen pro Monat ausgewählter Netzwerke

Anbieter:	Marktanteil innerhalb der aktiven Social-Network-Nutzerinnen/Nutzer(%):	Anzahl der Sitzungen/Monat:	Im Netzwerk verbrachte Zeit/Monat:
Facebook.com	52	19,16	5h 52 min.
Myspace.com	15	6,66	59 min.
Twitter.com	10	5,81	36 min.
Linkedin.com	6	3,15	12 min.
Classmates.com	5	3,29	13 min.

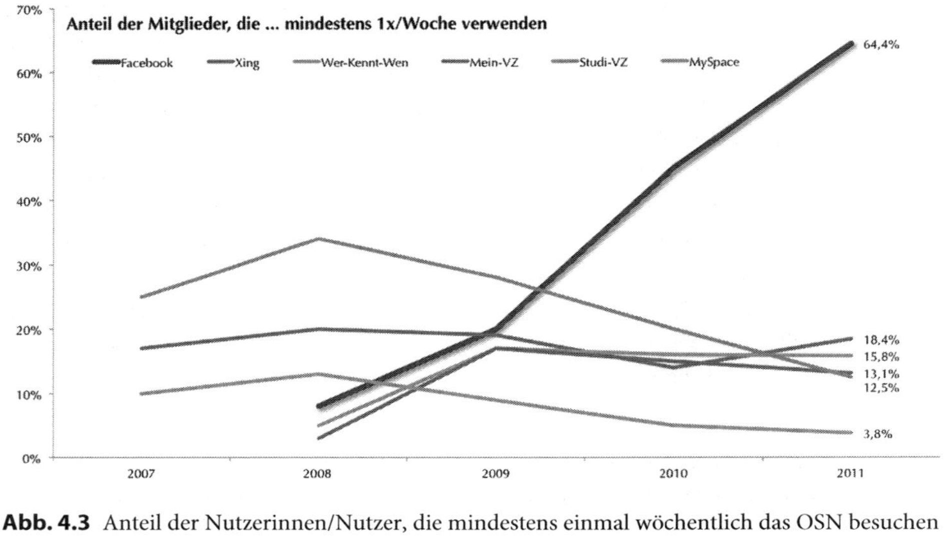

Abb. 4.3 Anteil der Nutzerinnen/Nutzer, die mindestens einmal wöchentlich das OSN besuchen

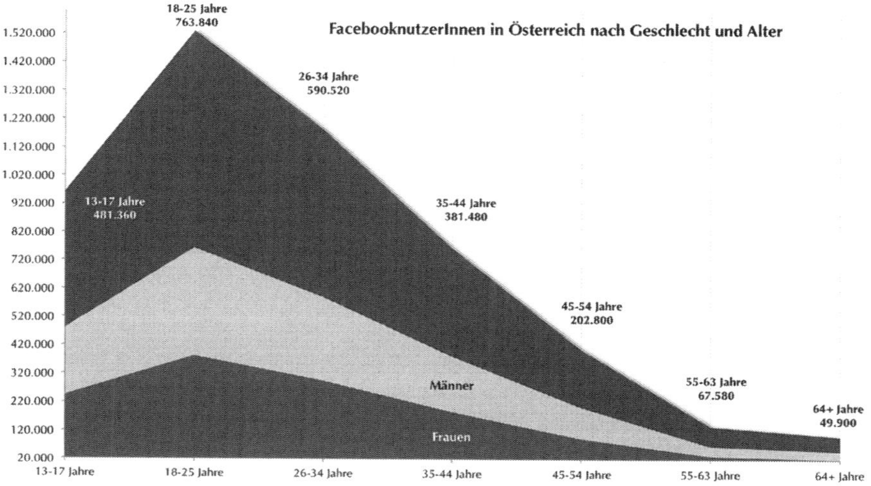

Abb. 4.4 Facebooknutzerzahlen in Österreich per 31.05.2011

Männliche Facebooknutzer, die 120 Freundinnen/Freunde[12] im Netzwerk haben, hinterlassen bei sieben Freundinnen/Freunden Pinnwandeinträge,[13] Fotokommentare oder Status-Updates und mailen oder chatten über das Facebook-Portal mit vier Freundinnen/Freunden. Weibliche Facebooknutzerinnen, die 120 Freundinnen/Freunde haben, hinterlassen bei zehn Freundinnen/Freunden Pinnwandeinträge, Fotokommentare oder Status-Updates, und mailen oder chatten über das Facebook-Portal mit sechs Freundinnen/Freunden.

Männliche Facebooknutzer, die 500 Freundinnen/Freunde im Netzwerk haben, hinterlassen bei 17 Freundinnen/Freunden Pinnwandeinträge, Fotokommentare oder Status-Updates, und mailen oder chatten über das Facebook-Portal mit zehn Freundinnen/Freunden. Weibliche Facebooknutzerinnen mit 500 Freundinnen/Freunden hinterlassen bei 26 Freundinnen/Freunden Pinnwandeinträge, Fotokommentare oder Status-Updates, und mailen oder chatten über das Facebook-Portal mit 16 Freundinnen/Freunden.

Mit anderen Worten kontaktieren Facebooknutzer 5 – 10 % ihrer Facebook-Freundinnen/Freunde. Weibliche Nutzerinnen kommunizieren mehr als männliche Nutzer. Es steht der einseitige Versand von Nachrichten innerhalb des OSN im Vordergrund, und das aktive Netzwerken, also die Zweiwegkommunikation, beschränkt sich auf wenige, nämlich die „wahren" Freundinnen/Freunde innerhalb der Facebook-Freundinnen/Freunde.

Zusammenfassend könnte man sagen, dass Menschen sich heutzutage mit größerer Reichweite als früher vermarkten, aber nach wie vor die gleich engen, echten Beziehungen leben wie seit jeher.

---

[12] Als „Freunde" werden die Kontakte einer/eines Nutzerin/Nutzers auf Facebook bezeichnet.

[13] Die „Pinnwand" ist die virtuelle Anschlagtafel eines jeden Facebooknutzers. Auf dieser kann er selbst oder andere Nachrichten, Multimediafiles, Weblinks u.v.m. hinterlassen.

4.4.2 Google+

Nach der erfolglosen Lancierung der beiden sozialen Onlinenetzwerke Google Waves (kollaboratives Zusammenarbeiten in Echtzeit) und Google Buzz (ein Konkurrenzprodukt zu Twitter) startete Google 2011 das aktuellste Produkt Google Plus (ein Pendant und damit DER direkte Konkurrent zum OSN Facebook) als Beta-Version für eine begrenzte Zahl von Beta-Testern.

Während der Beta-Phase kam es zu einer nennenswerten Weiterentwicklung des Dienstes, genannt „Hangouts". Diese Funktion ermöglicht es den Nutzern, Echtzeitvideokonferenzen inkl. Chatfunktion mit bis zu zehn Teilnehmern zu starten (Abb. 4.5).

Erst Ende September 2011 öffnete Google dann das Portal für alle Internetnutzer. Aus heutiger Sicht bleibt abzuwarten, wie sich die Nutzerzahlen mittelfristig entwickeln werden. Kurzfristig zeigt sich durch die Öffnung des Netzwerkes – gemessen am Traffic – kein nenneswerter Anstieg (Abb. 4.6).

Google versucht mit dem Me-too-Produkt Google Plus, verlorene Marktanteile – in Bezug auf die Zeit, die Nutzer im Internet verbringen und damit einhergehend Marktanteile bei Werbebudgets von Werbern – von Facebook zurückzugewinnen. Der wirtschaftliche Erfolg dieser Bemühungen und die Akzeptanz durch die Nutzer wird sich in den nächsten Monaten zeigen. Zum Produkt selbst stellt bspw. der Spiegel fest:

> *Bemerkenswert an Google Plus ist nicht so sehr, was da umgesetzt wurde, sondern von wem. (Der Spiegel 2011a: onl.)*

Aktuell fehlen noch gesicherte Marktzahlen zu Google Plus. Die wenigen Marktdaten, die vorhanden sind, lassen Google Plus im Übergang vom Herbst 2011 zum Frühjahr 2012 dzt. als einen noch – für die betrachtete Branche – vernachlässigbaren Player im Online-Social-Network-Segment erscheinen. Ähnlich wie der analysierten Dienst Twitter, welcher sich lt. aktuellen Marktdaten – in Bezug auf die Nutzerzahlen – auf einer Ebene

Abb. 4.5 Screenshot von Hangouts. *Quelle* Google Inc. (2011b: onl.)

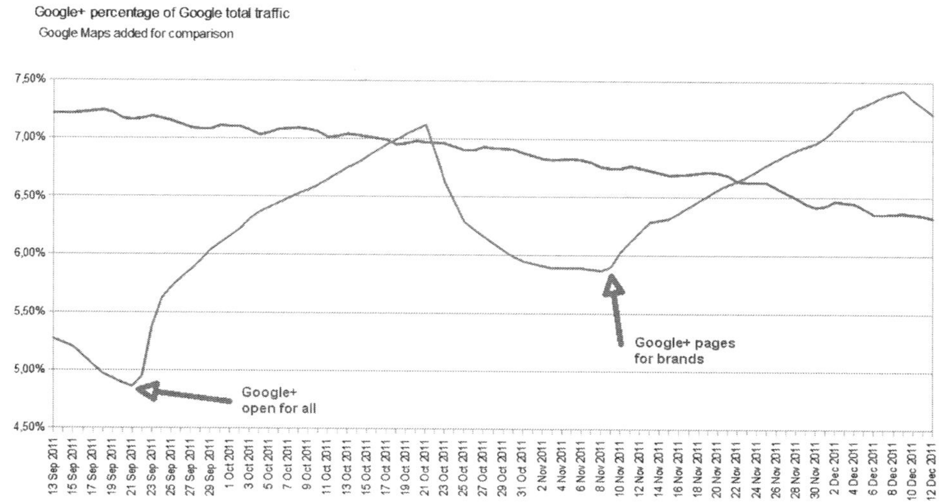

Abb. 4.6 Google Plus-Traffic dargestellt in Anteilen am Gesamt-Traffic auf Google. Die Vergleichslinie ist der Traffic auf Googles Kartenlösung Google Maps. *Quelle* DreamGrow Digital OÜ (2011: onl.)

mit Google Plus einreihen muss. Beide Social-Software-Anwendungen kommen lt. Bundesverband Informationswirtschaft, Telekommunikation und neue Medien e.V. (2011b: onl.) im auf einen 6 % igen Marktanteil unter den deutschen Internetnutzern über 14 Jahren. Somit sind diese beiden Dienste nur rund doppelt so frequentiert wie etwa jappy.de, eine als relativ unbekannt zu wertende deutsche Community mit 3 % Marktanteil. Google Plus ist in Deutschland auch noch weit hinter Facebook (51 %), Stayfriends (27 %) oder den VZ-Netzwerken (23 %) einzureihen.

Eine dzt. bekannte Nutzerstatistik ist via http://plusdemographics.com/ online abrufbar. Dort werden weltweit im Winter 2012 cirka 90 Mio. Nutzer ausgewiesen. Der Großteil davon sind US-Amerikaner. Rund 290.000 Österreicher (=3,5 % der Gesamtbevölkerung) nutzen Google Plus per November 2012. Auf Google Plus verkehren 70,4 % Männer und 50,4 % fallen in die Altersgruppe zwischen 18–24 Jahre.

4.4.3 Twitter

Twitter ist ein Online-Dienst, der es ermöglicht mit anderen Personen in Kontakt zu treten, indem kurze Textnachrichten verbreitet werden. Vergleichbar ist der Dienst am ehesten mit dem bekannten SMS-Dienst, denn auch dort ist die Länge der Einträge mit 140 Zeichen limitiert. Daher auch der Name „Twitter", was im Englischen so viel wie „zwitschern" bedeutet. Kurze Blogbeiträge werden so ausgetauscht. Es wäre auch möglich, Twitter als einen Instant Messanger zu sehen und zu gebrauchen. Dies wird aber von der Twitter-Community nicht gerne gesehen.

Neben der beschränkten Länge der Blog-Einträge ist auch das Profil auf Name, Ort, Foto, eine kurze Beschreibung sowie einen Link begrenzt. Die Kontaktaufnahmen mit anderen Micro-Bloggern erfolgt über die Eingabe eines Klammeraffen, gefolgt vom Nutzernamen (bspw. „@hiho_tom"), und ist grundsätzlich für alle im Dienst angemeldeten Personen sichtbar. Mit der Eingabe von „DM" (steht für „direct message"), gefolgt von einem Leerzeichen und dem Nutzernamen, adressiert man eine Person direkt und privat (bspw. „DM hiho_tom"). Sogenannte „Tweets" (so werden die Nachrichten/Beiträge genannt) werden gespeichert, wenn sie zuvor als Favoriten gekennzeichnet wurden. Als „Follower" bezeichnet man jene Nutzerinnen/Nutzer, die Tweets einer/eines bestimmten Nutzerin/Nutzers abonniert haben. Unter dem Begriff „TimeLine" versteht man die persönliche Startseite auf twitter.com. Diese beinhaltet die letzten 20 Tweets, deren Blogs man abonniert hat. Und schlussendlich ist es möglich, die Beiträge mittels „Hashtags" (bspw. #fail) zu beschlagworten und so zu gruppieren. Bei Bedarf kann man Beiträge nach diesen Schlagworten filtern bzw. öffentlich (bspw. auf einer Website) darstellen. Der Fachterminus hierfür: „Twitter-Wall".

Angaben über die Anzahl der Twitternutzer variieren sehr stark, da Twitter keine offiziellen Zahlen bekanntgibt. Von acht Mio. bis zu 75 Mio. Nutzerinnen/Nutzern ist die Rede. Bei einer eigenen Angabe von Twitter wird von 175 Mio. Nutzerinnen/Nutzer gesprochen (Stand: September 2010). In Deutschland werden 2,3 Mio. Besucherinnen/Besucher für twitter.com gezählt. Generell ist Twitter aber nach wie vor ein US-amerikanisches Phänomen. 51 % aller Twitternutzer stammen aus den USA. Danach sind mit Anteilen von 8,8 % aus Brasilien, 7,2 % aus Großbritannien und 4,3 % aus Kanada alle weiteren starken Märkte genannt. 2,5 % der Twitternutzer stammen aus Deutschland, 2,4 % aus Indonesien, 1,3 % aus den Niederlanden, 0,9 % aus Frankreich und 0,4 % aus Neuseeland.

Twitter ist auch in Österreich kein Massenmedium. Mit März 2011 nutzen 0,68 % aller Internetnutzer, also ca. 40.000 Menschen Twitter. Davon schreiben 15.000 Personen Nachrichten und 4.000 Personen lesen diese. Die Hälfte der angelegten Konten ist aktiv. Österreicherinnen/Österreicher folgen zur Hälfte US-amerikanischen Twitternutzern und zur anderen Hälfte geographisch sehr verschiedenartigen Twitternutzern. Die Tweets von österreichischen Twitternutzern werden je zur Hälfte von österreichischen und deutschen Nutzerinnen/Nutzern gelesen:

Auch in Deutschland kann festgestellt werden, dass die/der Nutzerin/Nutzer sich zwar registrieren, den Dienst aber weder aktiv noch passiv in großer Zahl nutzen.

Twitternutzer sind mehrheitlich zwischen 25 und 34 Jahren alt und es befinden sich etwas mehr Frauen als Männer in der Community. Auffallend ist, dass sich unter den Twitternutzern viele „Early Adopters" befinden. Dies sind Personen, die neue Produkte als erstes ausprobieren. Dies zeigt sich auch daran, dass Twitter überdurchschnittlich oft über das Mobiltelefon bedient wird. Twitternutzer haben zu 65 % mehr als einen Computer zu Hause und im Vergleich zur Gesamtbevölkerung weitaus öfter

Smartphones und andere technische Geräte (MP3-Player etc.) im Einsatz. Sie konsumieren in etwa gleich viel Fernsehen sowie wesentlich mehr Radio und Internet als der Bevölkerungsschnitt. Sie lesen aber weniger Zeitung.

Twitter wird am häufigsten direkt über das eigene Webinterface twitter.com verwendet. Das zweitbeliebteste Medium ist das Smartphone, knapp vor der Nutzung des Dienstes mittels einer Client-Software wie bspw. „TweetDeck“ oder „Seesmic“.

Die Inhalte der Meldungen der Twitternutzer sind eher eindimensional. Es geht in erster Linie schlicht und einfach um den Austausch von Erfahrungen über Konsumgüter und Dienstleistungen. In zweiter Linie werden auf Twitter Presse - und Nachrichtenmeldungen weiterverbreitet. Die inhaltliche Nutzung von Twitter unterscheidet sich also sehr stark von der inhaltlichen Nutzung von Facebook.

5 Leserservice: Auszugsweise Auflistung weiterer am Markt befindlicher Leitfäden

Wie einleitend erklärt gibt es am Markt bereits zahlreiche Praktiker-Leitfäden, die in der Regel entweder von Interessensvertretungen der Wirtschaft und/oder Internetagenturen erstellt wurden, aber im wissenschaftlichen Sinne oftmals nicht als fundiert zu bewerten sind. Häufig natürlich aber sehr praxistaugliche Inhalte für die Unternehmer, wenn es um das „wie ist es zu tun" geht, liefern.

Die nachfolgend gelisteten Leitfäden dienten bewusst nicht als Grundlage zur Entwicklung der vorliegenden Leitfäden, um nicht noch mehr Gleiches vom Gleichen zu produzieren und wurden daher auch nicht in die Analyse der Sekundärdaten mit aufgenommen, um die theoriegetriebene Exploration, die als Grundlage der vorliegenden Leitfäden dient, nicht zu beeinflussen. Eine Beeinflussung des Interviewleitfadens durch Praktiker-Literatur hätte sich derart ausgewirkt, dass die Probanden (die diese Praktiker-Literatur oder deren Verfasser aus betrieblichen Beratungssituationen kennen) mit bekannten Einschätzungen, Meinungen, Vorgehensweisen, Denkkategorien, (Vor)-Urteilen wiederum konfrontiert worden wären und/oder der Autor vornehmliche nach diesen bei der Auswertung gesucht hätte und derart keine neuen Erkenntnisse zu erwarten gewesen wären.

Folgend eine Liste der am Markt verfügbaren aktuellen Praxisleitfäden, die keinen Anspruch auf Vollständigkeit erhebt:

- Titel: Handbook on e-Marketing. A practical Guide for Tourism Destinations
  Herausgeber: European Travel Commission und UNWTO
  Bezugsquelle: http://www.etc-corporate.org/
- Titel: Social Media Monitoring Tools
  Herausgeber: Frauenhofer Institut
  Bezugsquelle: http://www.e-business.iao.fraunhofer.de/smm
- Titel: Social Media für die Hotellerie
  Herausgeber: Österreichische Hoteliersvereiningung
  Bezugsquelle: info@oehv.at

T. Hinterholzer, *Facebook, Twitter und Co. in Hotellerie und Gastronomie*,
DOI: 10.1007/978-3-642-37954-3_5,

- Titel: Webmarketingstudie „Der Gast aus dem Web“
  Herausgeber: Österreichische Hoteliersvereiningung
  Bezugsquelle: info@oehv.at
- Titel: Digitales Marketing mit Social Media, Viral und Buzz
  Herausgeber: Bundesverband Digitale Wirtschaft e. V.
  Bezugsquelle: http://www.bvdw.org/medien/digitales-marketing-mit-social-media-viral-und-buzz?media=2725
- Titel: Messbarer Erfolg im Social Media Marketing – 10 Tipps für den Einstieg
  Herausgeber: Bundesverband Digitale Wirtschaft e. V.
  Bezugsquelle: http://www.bvdw.org/medien/bvdw-leitfaden-messbarer-erfolg-im-social-media-marketing–10-tipps-fuer-den-einstieg?media=2115
- Titel: Rechtliche Rahmenbedingungen für Social Media
  Herausgeber: Bundesverband Digitale Wirtschaft e. V.
  Bezugsquelle: http://www.bvdw.org/medien/bvdw-leitfaden-rechtliche-rahmenbedingungen-fuer-social-media?media=2446
- Titel: Social Media Richtlinien: 10 Tipps für Unternehmer und ihre Mitarbeiter
  Herausgeber: Bundesverband Digitale Wirtschaft e. V.
  Bezugsquelle: http://www.bvdw.org/medien/bvdw-leitfaden-social-media-richtlinien–10-tipps-fuer-unternehmen-und-ihre-mitarbeiter-?media=1770
- Titel: Travel 2.0 Reloaded
  Herausgeber: ÖW
  Bezugsquelle: http://blog.austriatourism.com/travel-2-0-guide-2009/
- Titel: Travel 2.0 Hands on Social Media Guide
  Herausgeber: ÖW
  Bezugsquelle: www.austriatourism.com/scms/media.php/8998/Travel%202.pdf
- Titel: Social Media Guidelines
  Herausgeber: WKO
  Bezugsquelle: http://www.telefit.at/web20/wko-socialmedia-guidelines.pdf
- Titel: Web 2.0: Neue erfolgreiche Kommunikationsstrategien für kleine und mittlere Unternehmen
  Herausgeber: Hessisches Ministerium für Wirtschaft, Verkehr und Landesentwicklung
  Bezugsquelle: www.hessen-it.de/mm/Web20.pdf
- Titel: Erfolgreiches Social Media Marketing mit Facebook, Twitter, Xing & Co.
  Autor und Herausgeber: Stuber R. / Data Becker GmbH & Co. KG. Düsseldorf (2010)
  Bezugsquelle: www.amazon.de. ISBN 978-3-8158-3063-5
- Titel: Empfehlungen im Web. Konzepte und Realisierungen
  Autoren und Herausgeber: Schaffert, S; Bürger, T.; Hilzensauer, W.; Schneider, C. & Wieden-Bischof, D. / Salzburg Research. Salzburg (2010)
  Bezugsquelle: http://www.slideshare.net/snml/empfehlungen-im-web-konzepte-und-realisierungen

- Titel: Reputation und Feedback im Web. Einsatzgebiete und Beispiele
  Autoren und Herausgeber: Schaffert, S; Bürger, T.; Hilzensauer, W.; Schneider, C. & Wieden-Bischof, D. / Salzburg Research. Salzburg (2010)
  Bezugsquelle: http://www.slideshare.net/snml/reputation-und-feedback-im-web-einsatzgebiete-und-beispiele
- Titel: Innovatives Onlinemarketing in der Hotellerie
  Herausgeber: Hochschule Luzern
  Bezugsquelle: http://kuettel.biz/
- Titel: Follow me!: Social Media Marketing mit *Facebook*, *Twitter*, XING, YouTube und Co. Inkl. Empfehlungsmarketing, Crowdsourcing und Social Commerce
  Autoren und Herausgeber: Grabs, A.; Bannour, P. / Galileo Computing (2011)
  Bezugsquelle: www.amazon.de ISBN: 978-3836216722
- Titel: Hotelier 2.0: *Twitter* Marketing
  Blogbeitrag von Ioannis S. Pantelidis
  Bezugsquelle: http://www.hotel-industry.co.uk/2011/05/TWITTER-MARKETING/
- Titel: An Indroduction to Social CRM for Travel
  Herausgeber: Chess Media Group
  Bezugsquelle: http://www.chessmediagroup.com/wp-content/uploads/2011/02/AnIntroductiontoSocialCRMforTravel_022011.pdf
- Titel: Social Media Guidelines
  Herausgeber: Wien Tourismus
  Bezugsquelle: b2b.wien.info/media/files-b2b/social-media-guidelines.pdf
- Titel: How are Hotels embracing Social Media in 2010?
  Herausgeber: HVS und Cornell University
  Bezugsquelle: www.hvs.com/Content/2977.pdf
- Titel: Social Media Guidelines
  Herausgeber: US Army
  Bezugsquelle: http://www.slideshare.net/USArmySocialMedia/army-social-media-handbook-2011
- Titel: Social Media Must Do's for the Restaurant Industry
  Blogbeitrag von Tom Humbarger
  Bezugsquelle: http://tomhumbarger.wordpress.com/2010/04/16/7-social-media-must-dos-for-the-restaurant-industry/
- Titel: Regionales Internetmarketing. Neue Wege der Kundenansprache für kleine und mittlere Unternehmen
  Herausgeber: Bundesministerium für Wirtschaft und Technologie
  Bezugsquelle: www2.ec-kom.de/ec-net/20101206_RIM_Leitfaden.pdf
- Titel: Social Media. Produkt und Zielgruppe entscheiden über den Erfolg
  Herausgeber: Dr. Selk & Coll GmbH
  Bezugsquelle: www.ts-and-c.com/Downloads/WhitepaperSocialMedia.pdf

- Titel: Social Media für Unternehmer. Wie man Xing, *Twitter*, Youtube und Co. erfolgreich im Business einsetzt
  Autor und Herausgeber: Hilker, C. / Sachbuch der Wirtschaftswoche (2010)
  Bezugsquelle: www.amazon.de ISBN: 978-3709303221
- Titel: Ein Einstieg in Social Media Marketing
  Präsentationsfolien von Stoll, I.
  Bezugsquelle:http://www.slideshare.net/w3design/ein-einstieg-in-social-media-marketing
- Titel: Mehr Erfolg durch Web Analytics
  Autoren und Herausgeber: Amthor, A; Brommund, T. / Hanser Verlag
  Bezugsquelle: www.amazon.de ISBN: 978-3446421394
- Titel: Facebook Marketing. An Hour a Day
  Autoren und Herausgeber: Treadaway, C.; Smith, M. / Sybex
  Bezugsquelle: www.amazon.de ISBN: 978-0470569641

Quellen

ACTA (2009) Allensbacher Computer- und Technik-Analyse: Trends und Internetnutzung. http://www.actaonline.de/praesentationen/acta_2009/acta_2009_Trends_Internetnutzung.pdf. Zugegriffen: 24. Feb 2010

ACTA (2010a) Zukunftstrends im Internet. http://www.acta-online.de/praesentationen/acta_2010/acta_2010_Internettrends.pdf. Zugegriffen: 01. Mar 2010

ACTA (2010b) Kommunikationsleistung digitaler Medien im multimedialen Kontext. http://www.acta-online.de/praesentationen/acta_2010/acta_2010_Digitale_Medien.pdf. Zugegriffen: 01. Mar 2011

AGOF (2010a) AGOF Internet Facts. http://www.agof.de/index.download.fbb99e36999c2d10a179a73c7bb88319.pdf. Zugegriffen: 09. Dez 2010

AGOF (2010b) AGOF Branchenbericht Reise & Touristik. http://www.agof.de/index.955.de.html. Zugegriffen: 09. Dez 2010

Ahlers T (2008) Neue Anwendungen und Geschäftsfelder im Web 2.0. In: Meckel M, Stanoevs-ka-Slabeva K (Hrsg) Web 2.0. Die nächste Generation Internet. Nomos, Baden-Baden, S 94–107

Alby T (2008) Web 2.0. Konzepte, Anwendungen, Technologien. Hanser Fachbuchverlag, München

Bachem C (2004) Multi-Channel Marketing. Eine Einführung. In: Merx O, Bachem C (Hrsg) Multichannel-Marketing-Handbuch. Springer, Heidelberg, S 29–60

Barracuda Networks Inc. (2009) Barracuda Labs. Annual Report 2009. Eigenverlag, o.O.

Bauer H, Martin I, Albrecht C-M (2007) Virales Marketing als Weiterentwicklung des Empfehlungsmarketing. In: Bauer H, Große-Leege D, Rösger J (Hrsg) Interactive Marketing im Web 2.0+. Vahlen, München, S 57–72

Becker J (2002) Marketing-Konzeption. Grundlagen des zielstrategischen und operativen Marketing-Management. Vahlen, München

Bernoff J (2007) The POST Method: a systematic approach to social strategy. http://forrester.typepad.com/groundswell/2007/12/the-post-method.html. Zugegriffen: 04. Apr 2011

Bruhn M (2002) Marketing. Grundlagen für Studium und Praxis, Gabler, Wiesbaden

Bruhn M (2009) Integrierte Unternehmens-, und Markenkommunikation. Strategische Planung und operative Umsetzung. Schäffer Pöschl, Stuttgart

Bundesverband Informationswirtschaft, Telekommunikation und neue Medien e.V. (2011) SchülerVZ beliebteste Community bei Teenagern. http://www.bitkom.org/de/presse/8477_66665.aspx. Zugegriffen: 07. Mar 2011

Buttle FA (1998) Word of Mouth: understanding and managing referral marketing. J Strat Market 6:241–254

Cavazza F (2011) Social Media Landscape 2011. http://www.fredcavazza.net/2010/12/14/social-media-landscape-2011/. Zugegriffen: 03. Mar 2011

T. Hinterholzer, *Facebook, Twitter und Co. in Hotellerie und Gastronomie*,
DOI: 10.1007/978-3-642-37954-3, © Springer-Verlag Berlin Heidelberg 2013

CC&C Customer Care & Consulting GmbH (2011a) Infografik: Die beliebtesten Social Media Montoring Tools. http://trickr.de/infografik-die-beliebtesten-social-media-montoring-tools/. Zugegriffen: 25. Apr 2011

CC&C Customer Care & Consulting GmbH (2011b) Social Media ROI: Tabelle mit Tools und Kriterien. http://trickr.de/social-media-roi-tabelle-mit-tools-und-kriterien/. Zugegriffen: 25. Apr 2011

Davenport T (2009) Is Twitter for serious marketers? http://blogs.hbr.org/davenport/2009/04/is_twitter_for_serious_marketer.html. Zugegriffen: 05. Mai 2011

Digital Affairs GmbH (2010a) Facebook Userzahlen. http://digitalaffairs.at/Facebook-userzahlen-oesterreich/. Zugegriffen: 26. Oct 2010

Digital Affairs GmbH (2010b) Zahlen, Daten & Fakten powered by Social Media Radar Austria. http://digitalaffairs.at/2010/12/07/zahlen-daten-fakten-powered-by-social-media-radar-austria/. Zugegriffen: 26. Oct 2010

Digital Affairs GmbH (2011) 40.000 Twitteruser in Österreich. http://digitalaffairs.at/2011/03/01/40-000-twitter-user-in-osterreich/. Zugegriffen: 11. Mar 2011

Digitalsurgeons (2011) Facebook vs. Twitter Infograph. http://www.digitalsurgeons.com/Facebook-vs-Twitter-infographic/?source=iframe&sms_ss=Facebook&at_xt=4d107eea893bdb21%-2C0. Zugegriffen: 11. Mar 2011

Eck K (2009) 18 Anti-Twitter-Thesen. http://pr-blogger.de/2008/10/14/anti-twitter-th/. Zugegriffen: 05. Mai 2011

Edison Research (2010) Twitter Usage in America 2010. The Edison Research/Arbitron Internet and Multimedia Study. http://www.edisonresearch.com. Zugegriffen: 10. Mar 2011

Egger R (2007) Cyberglobetrotter – Touristen im Informationszeitalter. In: Egger R, Herdin T (Hrsg) Tourismus Herausforderung Zukunft. LIT-Verlag, Wien, S 433–452

Evans D (2008) Social Media Marketing. An Hour a Day. Wiley, Indianapolis

Ethority GmbH & Co. KG (2010) Social Media Prisma Version 2.0. http://www.ethority.de/weblog/2010/04/15/we-proudly-present-das-social-media-prisma-version-2-0/. Zugegriffen: 06. Apr 2011

FAZ (2010) Was ich nicht weiß, macht mich nicht heiß. http://www.faz.net/s/Rub6F18BAF415B6420887CBEE496F217FEA/Doc~E4F2CB11D19AB4B659E0B64E482072E1C~ATpl~Ecommon~Scontent.html. Zugegriffen: 01. Apr 2011

Feierlein K (2011) Social Media als CRM-Strategie. Computerword 1(14):14–15

Fittkau & Maaß Consulting (2011) Facebook wächst und wächst und wächst. http://www.w3b.org/web-20/facebook-wachst-und-wachst-und-wachst.html#more-1032. Zugegriffen: 04. Mar 2011

Forrester Research Inc. (2010) Social Technographics: Conversationalists get onto the ladder. http://forrester.typepad.com/groundswell/2010/01/conversationalists-get-onto-the-ladder.html. Zugegriffen: 25. Mar 2011

FuR (2010) Von der Onlineinformation zur Onlinebuchung. http://www.fur.de/index.php?id=online-info_buchung. Zugegriffen: 09. Dez 2010

GFK (2009) Social Networks 2009. http://www.gfk.at/public_relations/pressreleases/articles/004917/index.de.html. Zugegriffen: 01. Mar 2010

Giles M (2010) A world of connections. A special report on social networking. Economist 1–14

Göhring M, Happ S et al (2006) Web 2.0 im Kundenmanagement. In: Hildebrand K, Hofmann J (Hrsg) Social Software. Prax Wirtschaftsinform 12(252):55–65

Google Inc. (2011) An update to Google Social Search. http://googleblog.blogspot.com/2011/02/update-to-google-social-search.html. Zugegriffen: 25. Apr 2011

Gouthier MHJ (2006) Neukundenmanagement – eine vernachlässigte Aufgabe im CRM. In: Hippner H, Wilde KD (Hrsg) Grundlagen des CRM. Konzepte und Gestaltung. Gabler, Wiesbaden, S 475–507

Hinterholzer T, Jooss M, Egger R (2011) Innovationsguide für Tourismusunternehmen. LIT-Verlag, Wien

Huber M (2008) Kommunikation im Web 2.0. Uvk Verlags Gmbh, Konstanz

Hutter T (2010) Statistiken. http://www.thomashutter.com/index.php/themen/statistiken/. Zugegriffen: 26. Oct 2010

Inside Network Inc. (2010) Facebook's "In-House Sociologist" Shares Stats on Users' Social Behavior. http://www.insideFacebook.com/2009/02/27/Facebooks-in-house-sociologist-shares-stats-on-users-social-behavior. Zugegriffen: 26. Oct 2010

Internet World Business (2010) Nutzungsdauer in sozialen Netzwerken. http://www.internetworld.de/Nachrichten/Zahlen-Studien/Nutzungsdauer-in-sozialen-Netzwerken-Fuenfeinhalb-Stunden-pro-Monat-25729.html. Zugegriffen: 07. Mar 2011

Koch M, Richter A (2007) Enterprise 2.0. Planung, Einführung und erfolgreicher Einsatz von Social Software in Unternehmen. Oldenbourg Wissenschaftsverlag, München

Kopp O (2011) Die ungelöste Aufgabe Erfolgsmessung im Social Media Marketing. http://www.online-marketing-deutschland.de/social-media-marketing/die-ungeloste-aufgabe-erfolgsmessung-im-social-media-marketing/. Zugegriffen: 27. Apr 2011

Kraigher-Krainer J (2011) Wie beeinflusst Web 2.0 das Kauf- und Entscheidungsverhalten? Wie ändern sich die Marketingstrategien? Vortragsfolien für die Tagung „eDay 2011" der WKO in Wien, Steyr, 03.03.2011. http://www.eday.at/2011/vortraege/kraigher-krainer.pdf. Zugegriffen: 26. Apr 2011

Kreutzer RT, Hinz J (2010) Möglichkeiten und Grenzen von Social Media Marketing. Working Papers of the Institute of Management Berlin at the Berlin School of Economics and Law No. 58. Eigenverlag, Berlin

Langner S (2005) Viral Marketing. Wie Sie Mundpropaganda auslösen und Gewinn bringend nutzen, Gabler, Wiesbaden

Li C, Bernoff J (2009) Facebook Youtube Xing & Co. Gewinnen mit Social Technologies. Hanser, München

Mangold WG, Faulds DJ (2009) Social media: the new hybrid element of the promotion mix. Bus Horiz 52:357–356

McCarthy L, Stock D et al (2010) How travelers use online and social media channels to make hotel-choice decisions. In: Cornell Hospitality Report Bd.10(18), S. 4–18

Morgan Stanley (2010) Internet Trends. http://www.morganstanley.com/institutional/techresearch/pdfs/Internet_Trends_041210.pdf. Zugegriffen: 01. Mar 2011

Nielsen (2009) The global online media landscape. http://blog.nielsen.com/nielsenwire/wpcontent/uploads/2009/04/nielsen-online-global-lanscapefinal1.pdf. Zugegriffen: 01. Mar 2010

Nitsche M (2008) Social Commerce. In: Schwarz T (Hrsg) Leitfaden Online Marketing. Das kompakte Wissen der Branche. Marketing Börse Eigenverlag, Waghäusl, S 691–697

ÖHV (2011) Social Media Marketing Leitfaden für die Hotellerie.

Online-Vermarkterkreis & Bundesverband Digitale Wirtschaft e.V. (2009) OVK-Online-Report. http://www.iab-austria.at/informationen/Studien/Studien-2009/OVK-Online-Report-2009/OVK-Online-Report-2009.pdf. Zugegriffen: 23. Feb 2011

Peakom GmbH (2011) Social Media & Me. http://www.peakom.com/de/unternehmen/studien/. Zugegriffen: 05. Mai 2011

Reindl S (2009) Online Social Networks als Vermarktungsinstrument für Reisedestinationen am Beispiel der Destination Zauchensee. Diplomarbeit an der Fachhochschule Salzburg, Puch/Urstein

Raman TV (2009) Towards 2W, Beyond Web 2.0. Commun ACM 52(2):52–59

Riemer K, Totz C (2005) Der Onlinemarketingmix – Maßnahmen zur Umsetzung von Internetstrategien. In: Internetökonomie und Hybridität, No. 19, S 55–65

Safko L, Brake DK (2009) The Social Media Bible: tactics, tools, strategies for business success. Wiley, Hoboken

Stanoevska-Slabeva K (2008) Web 2.0 – Grundlagen, Auswirkungen und zukünftige Trends. In: Meckel M, Stanoevska-Slabeva K (Hrsg) Web 2.0. Die nächste Generation Internet. Nomos, Baden-Baden, S 13–38

Statista (2008) Zu welchen Themen haben Sie bereits user generated content im Internet erstellt? http://de.statista.com/statistik/daten/studie/72063/umfrage/verfassen-von-user-generated-content-nach-ausgewaehlten-themen/. Zugegriffen: 22. Feb 2011

Stauss B, Seidel W (2002) Beschwerdemanagement. Kundenbeziehungen erfolgreich managen durch Customer Care. Carl Hanser Verlag, München

Stokes D, Lomax W (2002) Taking control of word of mouth marketing: the case of an entrepreneurial hotelier. J Small Bus Enterp Dev 9(4):349–357

Techcrunch (2010) What 20 Minutes on Facebook looks like. http://techcrunch.com/2010/12/31/what-20-minutes-on-facebook-looks-like-1m-shared-links-2-7m-photos-uploaded-10-2m-comments/. Zugegriffen: 26. Oct 2010

Teufel M (2010) Social Media im Tourismus Erfolgspotenziale von Hotelbewertungsportalen Möglichkeiten und deren Einfluss auf die Reiseentscheidung: Eine empirische Studie am Beispiel der Falkensteiner Hotels & Residences. Diplomarbeit an den FHWien-Studiengängen der WKW, Wien

Tickr.de (2009) Nutzerzahlen. http://trickr.de/tag/nutzerzahlen/page/3/. Zugegriffen: 11. Mar 2011

Tickr.de (2010) Social Media beeinflusst Kaufentscheidung. http://trickr.de/kaufentscheidung/. Zugegriffen: 11. Mar 2011

Tickr.de (2011) Twitter wächst in Deutschland um 144 %. http://trickr.de/twitter-wachst-in-deutschland-um-144-prozent/. Zugegriffen: 11. Mar 2011

Trendstream Ltd. (2009a) Trendstream – The Global Web Index. http://www.iabeurope.eu/knowledge-bank/iab-europe-events/research-showcase-on-social-media---october-2009.aspx. Zugegriffen: 02. Mar 2011

Trendstream Ltd. (2009b) Trendstream – The Global Map of Social Web. http://globalwebindex.net/thinking/infographic-001-global-map-of-social-web/. Zugegriffen: 02. Mar 2011

Trendstream Ltd. (2011) Trendstream – The Global Web Index. Annual Report 2011. http://globalwebindex.net/annual-report-2011/. Zugegriffen: 03. Mar 2011

Trusov M, Bucklin RE, Pauwels K (2009) Effect of word-of-mouth versus traditional marketing: findings from an internet social networking site. J Market 73:90–102

Universal McCann (2009) wave.4. http://www.universalmccann.de/social_media_studie/wave4/. Zugegriffen: 02. Mar 2011

Watson T, Kitchen PJ (o. J.) Reputation management, corporate image and communication. In: Southern G, Moutinho L (Hrsg) Marketing management and strategy, Routledge, London (In production)

Weinberg T (2010) Social Media Marketing. Strategien für Twitter, Facebook & Co. O'Reilly, Köln

Wieser M (2010) Online Hotel-Marketing, Effektivität und Effizienz im Blickpunkt, Vortragsfolien für einen Vortrag im Rahmen des ÖHV-Praktikerseminars „E-Distribution – Wie Sie mehr Umsatz herausholen", Wien, 03. November 2010

Willing M (2009) Der Twitter Boom ist vorbei – Twitter Nutzerzahlen sinken seit Juni 2009. http://www.tweetnews.de/2009/10/13/der-Twitter-boom-ist-vorbei-Twitter-nutzerzahlen-sinken-seit-juni-2009/. Zugegriffen: 26. Oct 2010

Zarrella D (2010) The social media marketing book. O'Reilly Media Inc, Sebastopol

Druck: KN Digital Printforce GmbH · Schockenriedstraße 37 · 70565 Stuttgart